AD(H)S bei Kindern

100 Elternfragen

Jeanette Stark-Städele

AD(H)S bei Kindern

Impressum

Jeanette Stark-Städele arbeitet seit über 20 Jahren als Redakteurin, Übersetzerin und Autorin im Buchbereich mit dem Schwerpunkt Elternratgeber. Sie hat zwei Söhne, von denen einer von ADHS betroffen ist.

Bibliografische Information der Deutschen Bibliothek:
Die Deutsche Bibliothek verzeichnet diese Publikation in der Deutschen Nationalbibliografie; detaillierte bibliografische Daten sind im Internet über http://dnb.ddb.de abrufbar.

© 2008 Urania Verlag
in der Verlag Kreuz GmbH
Postfach 80 06 69, 70506 Stuttgart

www.urania-verlag.de

Redaktion: no:vum, Susanne Noll, Leinfelden-Echterdingen
Umschlaggestaltung: Behrend & Buchholz, Hamburg
Umschlagbild: Ciaran Griffin/ Getty Images
Satz: Atelier Seidel – Verlagsgrafik, Teising
Druck: Westermann Druck Zwickau
Printed in Germany

ISBN 978-3-7831-6047-5

Inhalt

Vorwort 7

1 AD(H)S –
wie äußert sich das?

Wirklich ADHS? 9
Unsoziales Verhalten? 9
Abkürzung AD(H)S 10
Hyperkinetische Störung . . 11
Typische Symptome 12
Ursachen 13
Art der Störung? 13
Diagnose von AD(H)S 14
Wer stellt Diagnose? 15
Häufigkeit 17
Mehr Jungen? 17
Träumerchen 18
Krankheit? 19
Vererbung 20
Früher auch schon? 21
Heute häufiger? 21
Weitere Störungen 22
Positive Seiten 23
Sich auswachsen 23

2 Formen
der Therapie

Therapiemöglichkeiten 25
Medikamente 26
Ritalin 27
Wann Medikamente? 28
Nebenwirkungen 28
Homöopathie 29
Weitere Medikamente 30

Ernährung 31
Feingold-Diät 31
Ergotherapie 32
Wahrnehmungsförderung . .33
Elterntraining 34
Psychotherapie 35
Spieltherapie 35
Verhaltenstherapie 36
Bio-Feedback 36
Yoga 36
Therapiedauer 37
AD(H)S heilbar? 38
Therapiekosten 38

3 Das Familienleben –
alles anders und
unberechenbar?

Familienleben 39
Kleinkinderprobleme 39
Ordnung im Chaos? 40
Harscher Umgangston 41
Andere Familienmitglieder .43
Alltagsleben 44
Folgen für Geschwister 45
„Den anderen habt
ihr mehr lieb." 47
Isolation der Familie 49
Eltern-Gefühle 50
Kind AD(H)S erklären? 52
Diagnose beim Säugling . . .53
Häufig Geschwisterstreit . .54
Verhalten bei Streit 55
Streit vorbeugen 57
Hyperaktivität 58
Erhöhte Unfallgefährdung .59

Kapitel 1
Kapitel 2
Kapitel 3
Kapitel 4
Kapitel 5
Kapitel 6

Spannungen 61
Familientherapie 63

4 Kindergarten
und Freunde

Freunde finden 65
Außenseiter sein 66
Soziale Entwicklung 67
Selbstwertgefühl fördern . . .68
Gruppenaktivitäten 70
Eingewöhnung in den
Kindergarten 70
In den Kindergarten? 73
Lärmempfindlichkeit 73
Förderung im Kindergarten .74
Verhalten im Kindergarten .75
Impulsivität 78
Sich angegriffen fühlen 78
Häufige Aggressionen 79
Mobbing 81
Draußen spielen 82

5 Erziehung –
ein ständiges Drama?

Schuld? 83
Zuhören lernen 83
Klare Formulierungen 85
Verträumt 85
Bettnässen 87
Mittagsschlaf 88
Lernen aus Erfahrungen 89

Partnerschaftlichkeit 90
Einfluss von Erziehung 91
Beste Unterstützung 92
Wie erziehen? 93
Strafen .95
Belohnungssysteme 96
Stimmungsschwankungen .97

6 Entwicklung, Spielen,
Lernen, Schule

Teilleistungsstörungen 99
AD(H)S: Einfluss auf
Intelligenz? 99
Sprachentwicklung 100
Feinmotorik 100
Hörverarbeitungsstörung .102
Spielen 103
Fernsehen 105
Geeignete Sportarten 106
Auswirkungen
aufs Lernen 108
Schulprobleme 109
Richtige Schule 111
Hochbegabung 112
Spezielle Schulformen 113

Ausblick 114
Therapien im Überblick . . .116
Zum Weiterlesen 120
Hilfreiche Adressen 121
Register 124

Vorwort

Liebe Eltern,

ADHS und ADS kennen heute die meisten Eltern, Lehrer und Erzieherinnen als Störungsbilder, die bei Kindern häufig auftreten. Wenn dann das eigene Kind schon im Kleinkindalter sehr unruhig ist, sich mit nichts länger beschäftigen kann, sehr schwer zu führen ist und vielleicht auch schon als Baby alles andere als „pflegeleicht" war, kann bei den Eltern oder anderen Betreuungspersonen der Verdacht entstehen, es leide an AD(H)S.

Doch auch wenn Hyperaktivität, ADHS oder ADS heute keine Fremdwörter mehr sind, so besteht doch nach wie vor hoher Informationsbedarf. Fachleute streiten sich darüber, was die genauen Abweichungen im Stoffwechsel oder in den Gehirnfunktionen sind, Therapeuten kommen mit immer neuen Therapieversprechen daher, Pädagogen versuchen, manches als Zeiterscheinung abzutun – und über die AD(H)S im Kleinkind- und Vorschulalter gibt es sowieso noch wenig Literatur und noch mehr Vorbehalte. Meist werden der übermäßige Bewegungsdrang und die Unruhe als „altersgemäß" eingestuft. Man will ja keinesfalls schon ein junges Kind „pathologisieren". Doch damit ist den Eltern nicht geholfen. Sie stehen da mit ihrem Kind, mit ihren Problemen – Tag für Tag. Ihnen helfen keine beschwichtigenden Worte, dass das schon noch „besser" wird mit ihrem Kind, auch keine hochtrabenden wissenschaftlichen Erklärungsansätze oder Vorträge über die negativen Einflüsse unserer modernen Zeit auf die Kindheit oder versteckte Hinweise der Erzieher ihrer Kinder, was sie denn so alles falsch machen. Sie brauchen konkrete Antworten auf die Fragen, mit denen sie sich täglich konfrontiert sehen. Allerdings fehlt es ihnen im aufreibenden Alltag meist an der Zeit, sich intensiver in die Problematik einzulesen.

Vor diesem Hintergrund soll Ihnen dieser Ratgeber klare Antworten und praktikable Ratschläge auf viele Fragen geben, denen Sie sich als Eltern im Erziehungsalltag mit Ihren möglicherweise von AD(H)S-betroffenen Kindern gegenübersehen. Dabei werden alle Lebensbereiche angesprochen und auch die eigene Belastung, die sich aus der großen Aufgabe ergibt, ein Kind mit AD(H)S ins Leben zu führen. Doch gerade, wenn Sie eine tatsächlich bestehende AD(H)S schon so früh erkennen und Ihr Kind durch konstruktiv darauf abgestimmte Erziehungsmaßnahmen anleiten und führen, besteht die Chance, dass dieses Handicap nicht zu einer dauerhaften Belastung und Einschränkung seines Lebens und seines Potenzials wird, sondern dass es seine Fähigkeiten entfalten kann und zu einem kreativen Menschen heranwächst, der sein Leben meistert und für andere Menschen eine Bereicherung ist.

Wir wünschen Ihnen viel Kraft und trotz mancher Probleme auch viele schöne Momente mit Ihrem Kind und als Familie.

Jeanette Stark-Städele

AD(H)S – wie äußert sich das?

? Mein Kind ist unruhig und unkonzentriert.
Hat es eine ADHS?

Dass heutzutage mehr Kinder unruhig und unkonzentriert sind als früher, steht außer Frage. Die Ursachen reichen von veränderten Erziehungsmustern über Reizüberflutung durch Medien bis zum Alltagsstress, der häufig auch das Familienleben prägt. Fällt ein Kind besonders durch Unaufmerksamkeit, Unruhe und oft auch störendes Verhalten auf und wurden die Eltern möglicherweise von einer Erzieherin oder einer anderen Betreuungsperson darauf angesprochen, sollte man der Auffälligkeit auf jeden Fall nachgehen. Führen Sie sich dabei zunächst die Situationen genau vor Augen, in denen Ihr Kind unruhig ist. Lassen sich bestimmte Muster erkennen? Dann überlegen Sie, wie sich der Alltag Ihres Kindes gestaltet. Schaut es viel fern? Hat es genügend Freiraum zum eigenen Spiel – vor allem auch draußen? Ist die Familie durch bestimmte Ereignisse oder Lebensumstände besonders belastet? Erst wenn solche Ursachen ausgeschlossen werden können, sollte eine ADHS als Möglichkeit für das auffällige Verhalten in Betracht gezogen werden.

? Die Erzieherin im Kindergarten klagt über das scheinbar unsoziale Verhalten unserer Tochter und meint, sie leide an AD(H)S. Kann das sein?

Kinder mit AD(H)S haben im Kindergarten meist große Probleme, sich in Gruppen zu integrieren. Sie beteiligen sich nicht an Spielen, stören andere, wollen dominieren oder im Mittelpunkt stehen.

Sie können auch aggressiv werden, weil sie von den vielen Reizen und Erwartungen überfordert sind und leicht zum Außenseiter werden. Manche ziehen sich auch völlig zurück. Klären Sie zunächst, was die Erzieherin unter unsozialem Verhalten versteht. Vielleicht fühlt sich Ihre Tochter einfach ausgeschlossen oder hatte bisher noch wenig Kontakt zu anderen Kindern. Oder sie weiß nicht recht, wie sie auf andere zugehen soll. Wenn es sich aber tatsächlich um deutliche, anhaltende Auffälligkeiten handelt und diese sozialen Probleme keine anderen offensichtlichen Gründe im häuslichen Umfeld haben, und wenn dann auch noch andere Symptome dazukommen – wie innere Rastlosigkeit, motorische Hyperaktivität, geringe Ausdauer beim Spielen und Schwächen in der visuellen und auditiven Wahrnehmung sowie in der visomotorischen Koordination –, ist an eine AD(H)S zu denken. Bitten Sie in diesem Fall die Erzieherin um genauere, am besten schriftlich festgehaltene Beobachtungen des Kindes und besprechen Sie diese mit dem Kinderarzt.

Wofür steht die Abkürzung AD(H)S?

ADHS steht für Aufmerksamkeitsdefizit-Hyperaktivitätsstörung. Besteht eine Aufmerksamkeitsstörung ohne Hyperaktivität, spricht

Ein Störungsbild – viele Namen

Neben ADS und ADHS, die nicht nur Aufmerksamkeits(defizit)störung, sondern auch Aufmerksamkeits(defizit)syndrom genannt werden, existieren noch weitere Begriffe für ein im Wesentlichen gleiches Störungsbild. In der Schweiz wird das Syndrom auch POS – psycho-organisches Syndrom – genannt. Die früher häufigste Bezeichnung lautete MCD – Minimale Cerebrale Dysfunktion. ADDS – Attention Defizit Disorder Syndrom (mit/ohne Hyperaktivität und Sozialstörungen) – gilt in den USA und nach der WHO (Weltgesundheitsbehörde) als die heute korrekte internationale Bezeichnung für das Störungsbild.

man von ADS, der Aufmerksamkeitsdefizitstörung. Kinder fallen natürlich vorwiegend wegen ihrer großen Unruhe auf, also wenn sie an ADHS leiden. ADS wird, wenn überhaupt, oft erst im späteren Schulalter diagnostiziert, da die Kinder gerade im Kleinkind- und Vorschulalter in ihrem Umfeld meist wenig Probleme bereiten.

? Manchmal hört man auch von einer „Hyperkinetischen Störung". Was bedeutet das?

Hyperaktivität und Hyperkinetische Störung oder Hyperkinetisches Syndrom (HKS) sind verschiedene Begriffe für ein und dasselbe Störungsbild. Sie haben sich schon in den 1970er Jahren vor dem inzwischen in der Medizin üblichen Begriff AD(H)S in Deutschland eingebürgert.

? Was sind die typischen Symptome
der ADHS?

Das ganz typische Verhalten bei ADHS gibt es nicht. Jedes Kind mit
ADHS ist anders. Es können vielfältige Symptome auftreten, müssen aber nicht. Dennoch gibt es zentrale Merkmale, die auch für
die Diagnosestellung ausschlaggebend sind. Diese sogenannten
Kernsymptome der ADHS sind:

- Unaufmerksamkeit (eingeschränkte Konzentrationsfähigkeit,
mangelnde Daueraufmerksamkeit, erhöhte Ablenkbarkeit): Sie
äußert sich in Ablenkbarkeit, dem häufigen Wechsel von Aktivitäten, Tagträumen, Desorganisation.
- Hyperaktivität (allgemeine motorische Unruhe): Sie äußert sich
in Unruhe, Zappeligkeit, ziellosem Tun, aber auch in feinmotorischer Unruhe, beispielsweise als Nägelknabbern.
- Impulsivität (mangelnde kognitive und emotionale Impulskontrolle): Sie bedeutet unberechenbares, unüberlegtes Handeln,
Ungeduld, Wutausbrüche, Redezwang.

Als Folge dieser Kernsymptome kommt eine Störung der Wahrnehmung, der Informationsverarbeitung und der Gedächtnisbildung
dazu. Häufig sind auch starke Stimmungsschwankungen und eine
geringe Frustrationstoleranz.

Um die Diagnose ADHS zu stellen, müssen diese Auffälligkeiten,
die natürlich bei jedem Kind gelegentlich vorkommen können,
länger als sechs Monate andauern und bereits im Vorschulalter
auftreten.

? Was genau ist die Ursache
für AD(H)S?

Ursächlich für die Symptome ist, dass Informationen zwischen verschiedenen Gehirnbereichen anders verarbeitet werden, da der Stoffwechsel bestimmter Botenstoffe gestört ist. Betroffen sind vor allem der Stirnhirnbereich und einige Stammganglien. Durch Spezialuntersuchungen hat man herausgefunden, dass bei AD(H)S-Kindern das Stirnhirn wenig oder kaum Glukose verbraucht, also nicht intensiv genug arbeitet. Das beeinträchtigt die Reizweiterleitung im Gehirn. Man nimmt an, dass dabei Botenstoffe, sogenannte Neurotransmitter, nicht optimal wirken oder unzureichend vorhanden sind. Vorrangig betroffen sind vermutlich die Neurotransmitter Dopamin und Noradrenalin. Dopamin steuert Antrieb und Motivation, Noradrenalin sorgt für Aufmerksamkeit. Zudem besteht eine Reizfilterschwäche: Das Gehirn unterscheidet nicht zwischen unwichtigen und wichtigen inneren oder äußeren Reizen und filtert entsprechend auch nicht aus. Die Folge ist eine Reizüberflutung mit der typischen Ablenkbarkeit.

? Ist AD(H)S eine neurologische oder
eine psychische Störung?

AD(H)S wird als psychische Störung bezeichnet, weil sie Auffälligkeiten des Denkens, der Gefühle und des sozialen Verhaltens mit sich bringt. Diese führen zu einer psychosozialen Beeinträchtigung. Sie wirken sich nämlich einerseits auf die sozialen Beziehungen, andererseits aber auch auf die psychische Entwicklung des Kindes aus. Außer Frage steht aber, dass dieser Störung neurologische Ursachen zugrunde liegen.

Wie wird AD(H)S diagnostiziert?

Da es keinen definitiven Labortest, kein allgemeingültiges psychologisches Testverfahren oder sonstige klare Nachweise einer definitiven Diagnose gibt, empfehlen Fachgesellschaften eine umfassende Diagnostik mit verschiedenen Bausteinen. Dazu wird zunächst eine vollständige Anamnese durchgeführt: Es werden die Eltern zur medizinischen Vorgeschichte, zu Familienerkrankungen und zu den Lebensumständen befragt; außerdem zum Verhalten des Kindes in verschiedenen Situationen. Je nach Alter des Kindes werden Zeugnisse oder Beurteilungen von anderen Kontaktpersonen mit herangezogen. Mit einer körperlichen und neurologischen Untersuchung schließt man mögliche andere Erkrankungen aus, die wie AD(H)S wirken können (zum Beispiel Schilddrüsenerkrankungen, Medikamentennebenwirkungen). Darüber hinaus werden die intellektuellen, sozialen und emotionalen Fähigkeiten des Kindes beurteilt, auch mit Hilfe von Leistungstests. Die Kennzeichen und Symptome von ADHS

Info

ICD ist die Abkürzung für „International Statistical Classification of Diseases and Related Health Problems", die Ziffer 10 bezeichnet die zehnte Revision der Klassifikation. Sie wurde von der Weltgesundheitsorganisation erstellt und im Auftrag des Bundesministeriums unter dem Begriff „Internationale statistische Klassifikation der Krankheiten und verwandter Gesundheitsprobleme" ins Deutsche übertragen. Das DSM-IV ist das diagnostische und statistische Handbuch psychischer Störungen. Die Ziffer IV bezeichnet die vierte Ausgabe.

bzw. ADS sind von der WHO in einem Fachbuch, der ICD-10, erfasst und in der DSM-IV beschrieben. Diese Kriterien werden der Diagnose ebenfalls zugrunde gelegt. Danach müssen jeweils sechs von neun Symptomen der Unaufmerksamkeit/Aufmerksamkeitsproblematik bzw. der Hyperaktivität und Impulsivität über einen Zeitraum von mindestens sechs Monaten bestehen und zu überdauernden, krankheitswertigen Beeinträchtigungen geführt haben. All diese Symptome dürfen nicht durch eine andere Ursache erklärbar sein bzw. nicht ausschließlich unter akuten oder besonderen Umständen (zum Beispiel belastenden Familienereignissen) auftreten.

? Wer kann eine verlässliche Diagnose stellen?

Hinweise auf eine mögliche AD(H)S-Problematik erhalten Eltern häufig von der Erzieherin oder später den Lehrern des Kindes.

Denn zu deren Ausbildung gehört heutzutage auch die Beschäftigung mit solchen Verhaltensauffälligkeiten. Über eine AD(H)S-Vermutung, die die Eltern aber auch selbst haben können, sollte man am besten mit dem Kinderarzt sprechen. Er kann die medizinische Diagnostik durchführen. In vielen Fällen ist auch der Hausarzt in der Lage, die Familie zu unterstützen, da er sie und ihre Lebensumstände am besten kennt. Sind Medikamente erforderlich, verschreibt diese in aller Regel der Kinderarzt.

Falls erforderlich, können Fachärzte für Kinder- und Jugendpsychiatrie zu einer weiteren und genaueren Diagnostik hinzugezogen werden. Empfehlenswert ist das zum Beispiel, wenn der Verdacht auf weitere Störungen oder Erkrankungen mit starker psychischer Beeinträchtigung besteht. Das können Tic-Störungen, Depressionen, Störungen des Sozialverhaltens oder Zwangserkrankungen

> **Tipp**
> Bei allen Fragen zur Therapie und zur Erziehung bei AD(H)S sowie bei der Suche nach geeigneten Ärzten hilt Ihnen auch eine Erziehungsberatungsstelle bzw. ein Beratungszentrum weiter. Bei Selbsthilfegruppen erhalten Sie ebenfalls Tipps und Erfahrungsberichte von anderen Eltern, die natürlich immer sehr subjektiv sind. Sie selbst können im konkreten Fall durchaus andere Erfahrungen machen oder zu anderen Beurteilungen kommen.

sein. Ihr Kinderarzt nennt Ihnen gegebenfalls einen entsprechenden Facharzt. Empfehlungen für auf AD(H)S spezialisierte Ärzte erhalten Sie aber auch in Selbsthilfegruppen. Kinderpsychologen übernehmen zwar die Diagnostik und eine psychotherapeutische Therapie, dürfen aber keine medikamentöse Behandlung verschreiben. Ob möglicherweise eine psychologisch orientierte Therapie hilfreich ist, besprechen Sie am besten mit Ihrem Kinderarzt.

? Wie häufig kommt AD(H)S vor?

AD(H)S ist eine der häufigsten chronischen Erkrankungen im Kindes- und Jugendalter. Man geht davon aus, dass bis zu sechs Prozent aller Kinder und Jugendlichen betroffen sind. Das sind in Deutschland etwa 500.000 Kinder und Jugendliche. AD(H)S kommt in allen sozialen Schichten und Nationalitäten vor, und zwar in den verschiedenen Ländern gleich häufig. AD(H)S ist auch keine Zivilisationskrankheit westlicher Länder, sondern wird auf der ganzen Welt beobachtet.

? Sind Jungen häufiger betroffen als Mädchen?

Üblicherweise geht man heute noch immer davon aus, dass Jungen zwei- bis viermal häufiger betroffen sind als Mädchen. Sicher scheint, dass bei ihnen die Symptome der Hyperaktivität und Impulskontrollschwäche häufiger auftreten. Mädchen leiden öfter „nur" unter der Aufmerksamkeitsstörung.

Doch gerade deswegen kann es sein, dass die Störung bei ihnen häufiger übersehen wird. Inzwischen gibt es auch Wissenschaftler, die davon ausgehen, dass beide Geschlechter annähernd in gleicher Weise betroffen sind.

? Unsere Tochter ist still und verträumt.
Was soll daran verkehrt sein?

Mädchen weisen seltener eine ausgeprägte Kernsymptomatik (siehe Frage auf Seite 12) mit Hyperaktivität auf und sind eher von der „stillen" Variante ADS betroffen. Bei ihnen sind also häufiger nur Aufmerksamkeitsprobleme und seltener Hyperaktivität und Impulskontrollprobleme festzustellen. Da sie nicht stören und auffallen, wird die Störung, wenn überhaupt, oft erst viel später diagnostiziert. Sie sind eben „Träumerchen". Doch die Aufmerksamkeitsproblematik mit ihren Folgen auch für die Gedächtnisbildung kommt natürlich ebenso bei ihnen vor und hat weit reichende Konsequenzen für ihre kognitive und intellektuelle Entwicklung. Diese Mädchen leiden dann häufiger auch unter intellektuellen Beeinträchtigungen und es kommt bei ihnen öfters zu emotionalen Auffälligkeiten, zum Beispiel zu depressiven Verstimmungen. Daher ist auch hier eine frühzeitige Diagnose sehr wichtig, damit sich das Kind angemessen intellektuell, sozial und psychisch entwickeln kann.

Wann wurde AD(H(S das erste Mal diagnostiziert?

Natürlich gibt es keinen definitiven Zeitpunkt, zu dem eine psychische Erkrankung plötzlich als eine bestimmte Krankheit definiert und diagnostiziert wird. Dem gehen immer langwierige Beobachtungen und Beschreibungen ähnlicher Verhaltensweisen voraus. So ist es auch bei der AD(H)S. Der viel zitierte Struwwelpeter beschreibt sie bereits. Daneben beobachteten verschiedene Fachleute im 19. Jahrhundert verstärkt entsprechende Verhaltensauffälligkeiten. Und 1902 beschrieb der englische Pädiater George Frederick Still das Syndrom annähernd so, wie die AD(H)S heute definiert wird. Er bezeichnet die Unruhe der Kinder zwar als „moral defect", beschreibt aber eine anormale Unfähigkeit, ausdauernd aufmerksam zu sein, bei normaler Intelligenz. Viele amerikanische Autoren lassen die Geschichte des AD(H)S-Syndroms mit Still beginnen. In Deutschland wandte man sich in den 1970er Jahren unter dem Begriff MCD (siehe Kasten auf Seite 11), verstärkt dieser Symptomatik zu.

? Ist AD(H)S denn eine Krankheit?

Medizinisch steht das inzwischen außer Frage. Das ist auch gut so. Lange genug wurden betroffene Kinder als aufsässig oder bösartig abgestempelt. Oder man gab den Eltern die Schuld. Die Kinder selbst hatten aufgrund ihrer AD(H)S-bedingten Beeinträchtigungen geringe Chancen, ihre Begabungen und individuellen Wesenszüge zu entfalten. Da man heute weiß, dass eine Funktionsstörung des Gehirns die Ursache für die schulischen und sozialen Probleme ist, versucht man beizeiten, die Störung durch eine individuell abgestimmte Therapie auszugleichen. Dadurch kann das Kind Zugang zu sich selbst finden und lernen, mit seinen Besonderheiten umzugehen. Es bekommt die Möglichkeit, sich seiner Intelligenz gemäß zu entwickeln und sein Leben später aktiv zu gestalten.

Stimmt es, dass AD(H)S vererbt wird?

Genetische Faktoren spielen bei AD(H)S mit Sicherheit eine Rolle. Dabei sind mehrere Gene (insbesondere Gene mit Auswirkungen auf das dopaminerge, serotonerge und noradrenerge System) beteiligt. AD(H)S tritt ja in ganz unterschiedlichen Ausprägungen auf. Das hat vermutlich mit der Anzahl der Gene zu tun, die verändert sind. Verwandte ersten Grades haben ein etwa fünffach erhöhtes Risiko, an AD(H)S zu erkranken. Dieses Risiko kann alleine oder im Zusammenspiel mit Umfeldeinflüssen zum klinischen Erscheinungsbild führen.

Ist bei ihrem Kind die Diagnose AD(H)S gestellt, schlussfolgern viele Elternteile im Übrigen, dass sie selbst ebenfalls betroffen sind – oft nachdem sie ein Leben lang das Gefühl hatten, irgendwie „anders" zu sein.

? Solche Kinder gab es doch früher schon.
Was das damals kein Problem?

Bereits aus dem 19. Jahrhundert liegen entsprechende wissenschaftliche Berichte vor. In dem berühmten, 1858 erschienenen Kinderbuch „Struwwelpeter" gibt der Autor Heinrich Hoffmann mit dem Hans-Guck-in-die-Luft, dem Zappelphilipp und dem zündelnden Paulinchen klare, anschauliche Beispiele für solche Kinder. Sie handeln impulsiv, ohne zu denken, sind unruhig, ungeduldig und leicht ablenkbar. Es gab sie also schon damals. Doch zum einen finden diese Kinder aufgrund unserer heutigen Lebensumstände weniger „Nischen" und wachsen mit weniger Bewegung auf, zum anderen ist die Bedeutung intellektueller Leistungen heute viel größer. Diese aber können durch eine unbehandelte AD(H)S stark beeinträchtigt werden. Doch natürlich haben viele Betroffene damals ebenso gelitten wie heute, sind unter ihren Möglichkeiten geblieben oder haben einen tragischen Lebensweg genommen. Außerdem hat man erst in jüngster Zeit durch systematische Untersuchungen von Kindern und Jugendlichen erkannt, dass Verhaltensauffälligkeiten mit der neurologischen Problematik ursächlich zusammenhängen und wegen der psychosozialen Beeinträchtigung behandelt werden müssen.

? Gibt es heute mehr Kinder
mit AD(H)S als früher?

Da AD(H)S heute in den Medien ein „großes" Thema ist, liegt diese Vermutung nahe. Sie stimmt aber nicht. Das zeigen Untersuchungen. Allerdings kann es sein, dass durch veränderte Lebensumstände, höhere Leistungsanforderungen oder ungünstige Erziehungshaltungen mit wenig Struktur die Problematik für das einzelne Kind und sein Umfeld stärker zum Tragen kommt, betroffene Kinder also psychosozial stärker beeinträchtigt und auffälliger sind.

? Stimmt es, dass AD(H)S häufig mit weiteren Störungen verbunden ist?

Ja, in etwa 80 Prozent der Fälle wird die AD(H)S von einer anderen Auffälligkeit begleitet, in mehr als 60 Prozent sogar von zwei. Man spricht dabei auch von Begleiterkrankungen bzw. Komorbiditäten. Zum einen handelt es sich dabei um psychosoziale Störungen bzw. psychische

Info
Unter Legasthenie versteht man eine Lese-Rechtschreib-Schwäche, also Probleme mit dem Lesen und der Rechtschreibung; als Dyskalkulie wird die sogenannte Rechenschwäche bezeichnet.

Erkrankungen, wie aggressive Störungen, Depressivität, Ängstlichkeit oder Angststörungen, zum anderen um Entwicklungsstörungen, wie Legasthenie, Dyskalkulie oder Sprachentwicklungsstörungen. Auch Koordinations- und Tic-Störungen treten verhältnismäßig häufig auf. Psychische Störungen, die zur AD(H)S dazukommen, müssen gesondert diagnostiziert und behandelt werden.

? Immer hört man nur Negatives über Kinder mit AD(H)S. Gibt es eigentlich auch positive Seiten?

Kinder – und Erwachsene – mit AD(H)S verfügen über eine ganz besondere Sensibilität. Das macht sie sehr verletzlich, aber auch einfühlsam, vor allem gegenüber Schwächeren. Auch ihre Tierliebe und ihr ausgeprägter Gerechtigkeitssinn kommen wohl daher. Außerdem sind sie in vielen Bereichen erstaunlich kreativ, da sie assoziativ denken, zum Teil impulsiv arbeiten und genauso an Problemlösungen herangehen. Sie besitzen eine blühende Fantasie, und aus plötzlichen Geistesblitzen erwachsen bisweilen zündende Ideen. Oft erfassen sie Zusammenhänge rasch und intuitiv. Haben sie an einer Sache wirklich Interesse, können sie sich völlig darin vertiefen. Viele Kinder mit AD(H)S entwickeln besondere rhetorische und sprachliche Fähigkeiten, die ein herausragendes Verhandlungsgeschick mit sich bringen. Und nicht zu vergessen: Kinder mit AD(H)S besitzen meist einen unwiderstehlichen Charme und ein sonniges Gemüt. Man kann nur hoffen, dass dies dem einzelnen Kind erhalten bleibt, bei den vielen Problemen und Misserfolgen, mit denen es sich im Laufe der Zeit konfrontiert sieht. Gelingt es, diese positiven Seiten zu verstärken und die Schule einigermaßen unbeschadet zu überstehen, haben diese Kinder die Chance, zu erfolgreichen Menschen und faszinierenden Persönlichkeiten heranzuwachsen.

? Stimmt es, dass sich AD(H)S auswächst?

Früher galt AD(H)S als reine Kinder- und Jugendstörung und es hieß, sie wachse sich mit der Pubertät aus. Heute steht fest, dass

Kapitel 1

die Störung bei etwa einem Drittel bis der Hälfte der Betroffenen auch im Erwachsenenalter bestehen bleibt. Allerdings verändert sich mit zunehmendem Alter meist die Symptomatik: Die äußere Unruhe, die Hyperaktivität, nimmt häufig ab (oder wird zum Beispiel in extensive sportliche Aktivitäten „kanalisiert"), Aufmerksamkeitsdefizite und Impulsivität bleiben aber häufig weiter bestehen. Nicht selten besteht eine ausgeprägte innere Unruhe, die auch zu einem unsteten Lebensverlauf führt. Viele Betroffene erfahren sozusagen über ihr Kind von ihrer eigenen AD(H)S. Dieser Rückschluss vom Kind auf sich selbst kann der erste Schritt zur Diagnose sein. Doch da die Diagnose AD(H)S nie leicht zu stellen ist, weder bei Kindern noch bei Erwachsenen, sollten Sie es im Verdachtsfall keineswegs bei Ihrer Selbstdiagnose belassen. Wenden Sie sich an einen Psychiater oder Psychologen, der mit der Erwachsenen-AD(H)S Erfahrung hat. Eine sorgfältige Anamnese, Symptome im Kindesalter, die Schul- und Berufslaufbahn, familiäre Konstellationen und Beziehungen, aber auch Erkrankungen, Beschwerden bis hin zu Folgeerkrankungen wie depressive Verstimmungen oder Angstzustände müssen hier zur Sprache kommen. Auch die Therapie sollte besprochen werden. Auf jeden Fall werden Sie in einer solchen Situation Ihr Leben neu ordnen und überdenken müssen und sehen sicherlich viele bislang ungeklärte Fragen in einem neuen Licht. Auch für die Beziehungsgestaltung können sich hier neue Impulse ergeben. Und natürlich haben Sie eine ganz besondere Chance, Ihr Kind zu verstehen und es zu leiten.

Formen der Therapie

? Welche Therapiemöglichkeiten gibt es bei AD(H)S?

Es gibt die verschiedensten Therapieansätze und leider auch so manches nicht einlösbare Therapieversprechen. An erster Stelle steht die medikamentöse Behandlung, die nach wie vor immer wieder in Zweifel gezogen wird. Daneben versucht man, mit Ergotherapie, Verhaltenstherapie, Wahrnehmungstraining und anderen Therapieformen Teilbereiche des Kindes zu fördern. Was für das jeweilige Kind geeignet und erforderlich ist, muss aber immer individuell in Zusammenarbeit mit dem Kinderarzt und

Die „richtige" Therapie

Eine allgemeingültige Therapie-Empfehlung bei AD(H)S gibt es nicht und bei Kindern im Vorschulalter sollte man hier noch zurückhaltender sein. Meist stützt sich die Behandlung auf mehrere Säulen – im Sinne eines multimodalen Therapieansatzes.

Ziel der Therapie ist es, dem betroffenen Kind ein möglichst normales Leben und eine altersgerechte Entwicklung zu ermöglichen und die Voraussetzungen dafür zu schaffen, dass es seine Ressourcen, seine Fähigkeiten und seine Intelligenz ausschöpfen und umsetzen kann. Bei manchen Kindern reichen ergotherapeutische oder verhaltenstherapeutische Maßnahmen aus. Vor allem im späteren Kindes- oder Jugendalter stellt sich jedoch oftmals heraus, dass eine medikamentöse Behandlung notwendig ist.

den Betreuungspersonen erarbeitet werden. Um das Kind erfolgreich zu behandeln, ist es ratsam, dass alle Betreuungspersonen zusammenarbeiten, also Eltern, Lehrer und Freizeitbetreuer, und alle gemeinsam regelmäßig die Entwicklung des Kindes besprechen.

? Wir wollen unser Kind nicht ruhig stellen, aber der Kinderarzt meint, es wäre für unseren Sohn selber besser, wenn er ein Medikament bekäme. Stimmt das?

Ist die AD(H)S stark ausgeprägt, stimmt man heute im Allgemeinen darin überein, sie medikamentös zu behandeln. Sie macht das Kind erst „erreichbar" für mögliche weitere Therapieformen, die im Einzelfall zusätzlich eingesetzt werden: etwa eine Verhaltenstherapie oder eine Ergotherapie zur Verbesserung der Motorik. Die Wirkungsweise der Medikamente wird oft mit einer Brille verglichen, die das Kind erst in die Lage versetzt, „normal" wahrzunehmen und zu empfinden und somit bewusst zu reagieren. Wenn Ihr Kinderarzt sagt, es wäre für Ihren Sohn selber besser, ein Medikament zu nehmen, meint er, dass Ihr Sohn dadurch die Möglichkeit hat, sozusagen zu seinem inneren Selbst zu finden. So wird er nicht ständig von äußeren Reizen abgelenkt und kann zur Ruhe kommen. Das ist notwendig, damit er lernt, sich in Dinge zu vertiefen, sich selbst zu beschäftigen und so seine eigenen Interessen und Stärken herauszufinden. Und natürlich braucht es diese Vertiefung und Aufmerksamkeit, um Lernprozesse zu ermöglichen und Wissen nachhaltig im Gedächtnis zu verankern. Die medikamentöse Behandlung kann auch für das soziale Lernen eine Voraussetzung sein, weil sie Ihrem Sohn die Möglichkeit gibt, konzentriert auf andere zu achten und sein Gegenüber überhaupt erst bewusst wahrzunehmen. Auf diese Weise fügt sich Ihr Sohn auch leichter in Gruppen ein. Kinder mit AD(H)S erleben immer wieder Misserfolge, sie finden keine Freunde, bleiben im Kindergarten Außenseiter und haben später in der Schule meist massive Probleme. So entsteht bei unbehandelter AD(H)S ein Teufelskreis, der Ihrem Kind den Weg in eine selbst bestimmte Zukunft verbaut, in der es sein Potenzial ausschöpfen kann. Aus diesem Grunde ist eine Behandlung zum Wohle des Kindes – und bedeutet kein „Ruhigstellen", um es fügsamer zu machen.

? Warum ist das Medikament Ritalin so umstritten?

Wird die AD(H)S medikamentös therapiert, werden in den meisten Fällen Stimulanzien eingesetzt, wie zum Beispiel Methylphenidat-Präparate. Ritalin ist eines davon. Diese Mittel werden seit mehr als 60 Jahren verwendet. Sie verbessern die Aktivität in den Teilen des Gehirns, die für die Impulshemmung und die Aufrechterhaltung der Aufmerksamkeit zuständig sind. Auf diese Weise fließen Informationen besser. Das Kind kann aufmerksamer sein und sich besser konzentrieren. Zudem wird seine Impulsivität reguliert, so dass es sein Verhalten besser kontrollieren kann. Das ist vor allem für den sozialen Bereich sehr wichtig. Erst auf dieser Basis, so heißt es häufig, „greifen" mögliche verhaltenstherapeutische Maßnahmen. Kritiker sagen, die Kinder würden „ruhig gestellt" (siehe dazu vorige Frage) und befürchten eine Abhängigkeit von dem Medikament. In der jahrzehntelangen Erfahrung, die es mit diesen Stimulanzien in der Behandlung von AD(H)S gibt, wurden Abhängigkeiten oder Langzeitnebenwirkungen jedoch nie bekannt. Im Gegenteil scheint die medikamentöse Behandlung vor allem im Jugendlichenalter einer Suchtentwicklung vorzubeugen.

? Ab wann ist eine medikamentöse Behandlung möglich?

Ist die Symptomatik ausgeprägt, empfehlen Behandlungsleitlinien eine medikamentöse Behandlung ab einem Alter von sechs Jahren. Darüber sollte aber immer im Einzelfall entschieden und dabei die psychosozialen Bedingungen berücksichtigt werden. Es gibt auch Fachleute, die es befürworten, früher medikamentös zu behandeln. Dies gilt, wenn die Hyperaktivität die Entwicklung im sozialen Bereich stark beeinträchtigt und andere Therapiemaßnahmen erst durch eine medikamentöse Therapie wirksam werden können.

? Haben die Medikamente Nebenwirkungen?

Häufiger treten anfangs Schlafstörungen sowie eine Verringerung des Appetits auf, manchmal auch leichtes Kopfweh oder Verdauungsstörungen. Diese Nebenwirkungen lassen in der Regel bald nach. Eine langfristige Beeinflussung des Körpergewichts und des Längenwachstums, wie immer wieder vermutet wurde, konnte

Info

Unter Homöopathie versteht man das von Samuel Hahnemann Anfang des 19. Jahrhunderts entwickelte Heilverfahren, nach dem „Ähnliches mit Ähnlichem" geheilt werden soll. Zentraler Bestandteil des homöopathischen Verfahrens ist es, einerseits auf dem Prinzip des Ähnlichen basierende Arzneimittel zu wählen, die sich nach den individuellen Krankheitszeichen und Persönlichkeitsmerkmalen des Patienten richten, und andererseits die Arzneimittel in potenzierter Form zu verwenden. Bei der Herstellung homöopathischer Arzneimittel werden sowohl pflanzliche Wirkstoffe als auch tierische und mineralische Substanzen verwendet. Die Homöopathie geht davon aus, dass Symptome beim Kranken nicht Ausdruck der Krankheit sind, sondern Selbstheilungsversuche des Körpers. Ein homöopathisches Medikament soll diese nicht unterdrücken, sondern leicht verstärken, um die Regenerationsbemühungen des Organismuses zu fördern und das Abwehrsystem zu kräftigen.

nicht nachgewiesen werden. Die Endgröße des Kindes wird nicht beeinflusst.

? Wirkt denn eine homöopathische Behandlung bei AD(H)S?

In der Homöopathie stellt sich die Frage immer wieder, ob die Wirksamkeit durch randomisierte kontrollierte Studien nachgewiesen werden kann. Ob und wie Homöopathie wirkt, ist unter Wissenschaftlern nach wie vor strittig. Auch seriöse Studien kommen hier zu widersprüchlichen Ergebnissen. Dies gilt auch für die homöopathische Behandlung der AD(H)S.

? Werden auch andere Medikamente zur Behandlung von AD(H)S eingesetzt?

Es gibt verschiedene Präparate mit dem Wirkstoff Methylphenidat (Psychostimulanzien). Man unterscheidet hier zwischen kurz und lang wirkenden, den sogenannten Retard-Präparaten. Zu den kurz wirkenden Methylphenidat-Mitteln gehören neben Ritalin preisgünstigere, aber wirkstoffgleiche Generika mit dem Handelsnamen Medikinet, Equasym oder Methylphenidat-Hexal. Sie wirken etwa 3,5 Stunden. Präparate mit längerer Wirkungsdauer, die nur einmal am Tag genommen werden müssen, sind das Retard-Präparat Ritalin SR, Medikinet retard (eine Kombination von schnell und kurz wirkendem Methylphenidat mit einer retardierten Form von Methylphenidat), Ritalin LA oder Equasym retard. Concerta hat eine besondere Kapselwirkung, die den Wirkstoff über eine Dauer von zehn bis zwölf Stunden freisetzt.

Daneben werden zum Teil auch Antidepressiva eingesetzt, zum Beispiel Strattera (Atomexin), ein Noradrenalin-Wiederaufnahme-Hemmer (SNRI). Er beeinflusst hauptsächlich den Botenstoff Noradrenalin, mittelfristig über Wechselwirkungen aber auch das dopaminerge System.

? Hat die Ernährung Einfluss
auf AD(H)S?

Diese Frage ist nicht eindeutig geklärt, wird aber im Allgemeinen
für eher unwahrscheinlich gehalten. Immer wieder heißt es, bestimmte Nahrungsmittel bzw. -bestandteile, wie Phosphate,
Zucker, Milch oder Eier, und Nahrungsmittelzusätze, wie Farbstoffe, oder Vergiftungen mit Schwermetallen und Allergien lösten
die Symptomatik aus oder verschlimmerten sie. Doch das konnte
wissenschaftlich nie nachgewiesen werden. Im Einzelfall führen
Überempfindlichkeiten auf Nahrungsstoffe zu AD(H)S-vergleich-
baren Symptomen. Werden diese Stoffe aus der Ernährung ausgeschlossen, lassen sich oftmals die Symptome lindern – allerdings
nicht in gleicher Weise wie durch eine geeignete Therapie.
Außerdem gelingt das nur bei etwa zehn Prozent der von AD(H)S
Betroffenen.

? Ich habe gehört, dass man mit der sogenannten Feingold-
Diät Erfolge bei AD(H)S erzielt. Stimmt das?

Die sogenannte Feingold-Diät wurde zu Beginn der 1970er Jahre
von dem kalifornischen Allergologen Dr. Benjamin Feingold einge-
führt und ist eine in den USA recht verbreitete alternative Therapie. Sie wird auch in Deutschland als „Heilmittel" immer wieder
propagiert. Feingold ist der Meinung, dass bestimmte natürliche
Farbstoffe oder in Früchten vorkommende, entzündungslindernde
Substanzen die Ursache von Hyperaktivität und Lernschwäche sei-
en. Zur Durchführung seiner Diät müsste das Essverhalten radikal
verändert werden. Verboten wären Nahrungsmittel wie Äpfel,
Aprikosen, Beeren, Gurken und Essiggurken, Kirschen, Korinthen,

Mandeln, Nektarinen, Orangen, Pfeffer, Pfirsiche, Pflaumen, Rosinen, Tomaten, Trauben, selbstverständlich alle künstlichen Farben und Aromen, Antioxidantien, Speisen mit natürlichen Salizylat u.v.m. Es dürfen beispielsweise auch nur spezielle Zahnpastas verwendet werden. Eine Heilungschance bestehe nur bei der absoluten Einhaltung dieser Diät. Dass eine solche Diät bei kleinen Kindern kaum praktikabel ist, steht außer Frage. Sie könnte sogar die Eltern-Kind-Beziehung stark belasten und letztlich beim Kind psychische Probleme nach sich ziehen. Und das Wichtigste: Der AD(H)S-Spezialist Paul Wender überprüfte die Ergebnisse von klinischen Studien zur Feingold-Diät und es zeigte sich, dass nur bei etwa einem Prozent der betroffenen Kinder während der Diät eine klare Verbesserung der Symptomatik aufgetreten war. In der Fachliteratur wird die Feingold-Diät als unwirksam bezeichnet.

? Hilft eine Ergotherapie?

Ergotherapie ist eine Therapieform, die bei motorischen Störungen sehr häufig eingesetzt wird. Laut der Fachverbände der Kinder- und Jugendpsychiatrie fehlen allerdings wissenschaftliche Beweise für eine dauerhafte Wirksamkeit bei AD(H)S. Eine Ergotherapie kann jedoch bei entsprechender Ausbildung des Therapeuten eingesetzt werden, um Wahrnehmungs-, Motorik- und Aufmerksamkeitsabweichungen zu diagnostizieren oder frühzeitig zu erkennen und spezielle Wahrnehmungs- und Motorikprobleme gezielt zu

therapieren, die gemeinsam mit AD(H)S auftreten. Eine Ergotherapie kann sinnvoll sein, wenn ein Kind in seiner körperlichen, geistigen und seelischen Entwicklung zurückbleibt. Auch um Schwächen
in der Fein- oder Grobmotorik zu fördern, ist sie angezeigt. Das
Kind verbessert dabei seine Bewegung, schult die Verarbeitung
von Sinnesreizen und übt die Koordination. Dies fördert seine
Geschicklichkeit bei alltäglichen Verrichtungen sowie strukturiertes Planen und Handeln.

> **?** Die Erzieherin meint, wir sollten bei unserer Tochter eine
> Therapie zur Wahrnehmungsförderung machen lassen.
> Was hat das mit AD(H)S zu tun?

Unter dem Sammelbegriff Wahrnehmungsstörungen versteht
man verschiedenartige Störungen im Bereich der zentralen Reiz-
verarbeitung im Gehirn, infolgedessen es zu „unangemessenen"
Reaktionen und Handlungen kommt. Die Wahrnehmungsproble-
me bestehen dadurch, dass die Aufnahme, Weiterleitung oder
Verarbeitung von Sinnesreizen
gestört sind. Die Störung
wird auch als Perzeptions-
oder sensorische Integrationsstörung bezeichnet. Solche Wahrnehmungsstörungen
treten häufig auch bei AD(H)S auf.
Bei einer psychomotorischen
Wahrnehmungstherapie, die bei
verschiedenen kindlichen Entwicklungsstörungen eingesetzt

wird, werden alle Sinne des Kindes angesprochen. Schwerpunktmäßig sollen dabei Gleichgewicht und Körpergefühl verbessert werden. Die Kinder lernen, ihr Gleichgewicht zu regulieren und die Bewegungen ihres Körpers besser aufeinander abzustimmen. Dadurch sollen Empfinden, Erleben, Bewegen, Handeln und Interaktion besser miteinander vernetzt werden. Auf diese Weise werden auch das Selbstgefühl und die Teamfähigkeit gefördert. Ob eine solche Therapie im speziellen Fall sinnvoll ist, sollte man mit dem Kinderarzt abklären.

Daneben gibt es auch ein sogenanntes Aufmerksamkeitstraining, bei dem Kinder beispielsweise mit computergestützten Aufgaben üben, ihre Ausdauer zu steigern und sich schwieriger werdenden Aufgaben über einen längeren Zeitraum konzentriert zuzuwenden.

? Wir haben von einem Elterntraining bei AD(H)S gehört. Was ist damit gemeint?

Elterntrainings werden in der Regel als Gruppenkurse für Eltern und andere Bezugspersonen des Kindes angeboten und können ebenfalls ein wichtiger Baustein der Therapie sein. Die Teilnehmer werden zum Thema AD(H)S und Erziehung geschult. Sie lernen, das Verhalten des Kindes aus einer anderen Perspektive zu sehen, und können somit ihre Haltung dem Kind gegenüber verändern. Auf diese veränderte Haltung reagiert das Kind in aller Regel ebenfalls positiv. Dazu erhalten die Eltern konkrete Richtlinien für den Umgang mit dem Kind, etwa zum Grenzensetzen, zum Verstärken erwünschten Verhaltens, für den Umgang mit problematischem Verhalten und für richtiges Kommunikationsverhalten.

**? Was versteht man
unter einer Psychotherapie?**

Unter dem Begriff Psychotherapie werden verschiedene Verfahren zusammengefasst. Dabei unterscheidet man zwischen denen, die sich allein auf das Kind beziehen (kindzentrierte Verfahren), und denen, die das Umfeld (Familie, Kindergarten) mit einbeziehen. Hierbei gibt es die Einzelpsychotherapie, die Gruppentherapie und die Familientherapie. Zu den Einzeltherapien gehören die Verhaltenstherapie sowie tiefenpsychologisch bzw. psychoanalytisch ausgerichtete Formen.

**? Welche Erfolge erzielt man
mit einer Spieltherapie?**

Die Spieltherapie ist eine speziell für Kinder entwickelte Form der Psychotherapie oder analytischen Therapie. Das Kind soll mit Hilfe von Spielzeug und Spielfiguren Gefühle ausdrücken und Probleme bewältigen. Bei der direktiven Spieltherapie führt der Therapeut das Kind. Er beobachtet und deutet das Spiel und hält engen Kontakt zu den Eltern. Eine Wirksamkeit dieser Therapieform bei AD(H)S konnte allerdings nicht nachgewiesen werden. Völlig ungeeignet ist die non-direktive Spieltherapie, bei der das Kind ohne Führung spielen soll.

? Eine Verhaltenstherapie wird oft empfohlen.
Kann man damit AD(H)S heilen?

Verhaltenstherapeutische Maßnahmen können helfen, Lösungen für schwierige Situationen zu erarbeiten. So kann man versuchen, die Eltern-Kind- oder Erzieher-Kind-Interaktion zu verbessern. Kleinere Kinder können auf diese Weise ein konstruktives Spielverhalten entwickeln. Später kann man mit den Kindern daran arbeiten, Strategien für systematisches Arbeitsverhalten oder „Selbstmanagement" zu erwerben. Dazu gibt es speziell für AD(H)S ausgearbeitete Programme und Techniken. Eine Heilung der Störung ist mit einer Verhaltenstherapie jedoch nicht möglich.

? Was versteht man unter
Bio-Feedback?

Bei einer Bio- oder Neuro-Feedback-Therapie lernen Kinder auf spielerische Weise, ihre hirnelektrische Aktivität gezielter einzusetzen. Durch einen Zustand von Konzentration und Entspannung kann dabei Einfluss auf Gehirnprozesse genommen werden. Dadurch lässt sich das Verhalten besser steuern, lassen sich individuelle Fähigkeiten besser nutzen.

? Sollen wir mit unserem Kind
Yoga machen?

Eine neue Studie ergab, dass ein speziell für Kinder mit AD(H)S entwickeltes Yogaprogramm mit Elementen des Hatha-Yoga (Kör-

Was ist Yoga?

Yoga bedeutet „Einheit" und ist ein Übungssystem, das sich in Indien in Jahrtausenden von Jahren entwickelt und bewährt hat. Es umfasst geistige und körperliche Übungen und beschreibt grundsätzlich auch eine Lebenseinstellung. Ziel ist es, Gesundheit, Wohlbefinden und Harmonie, die Einheit von Körper, Seele und Geist zu fördern und zu erlangen.

perhaltungen, Atemübungen, meditative Übungen) in Verbindung mit Bewegungstraining als zusätzliche Therapieform positive Wirkung zeigt. Dabei wurden die Aufmerksamkeit verbessert und die Unruhe reduziert. Yoga wirkt auf neurophysiologischer und neuropsychologischer Ebene und kann Muskelanspannung, Konzentrationsfähigkeit und die Fähigkeit, ruhig zu werden, positiv beeinflussen.

? **Wie lange muss AD(H)S therapiert werden?**

Das ist individuell völlig unterschiedlich und hängt auch von der Therapieform ab. Bei ausgeprägter Symptomatik ist meist eine medikamentöse Behandlung erforderlich, auf die in manchen Fällen schon nach wenigen Monaten wieder verzichtet werden kann. Meist ist aber eine Behandlung über einige Jahre hinweg nötig, bis das Kind – auch durch andere Therapieformen – gelernt hat, mit den Symptomen seiner Krankheit umzugehen. Dabei stehen Arzt und Eltern in ganz engem Kontakt, so dass immer wieder mit der Medikamentengabe ausgesetzt werden kann, um festzustellen, ob es auch „ohne" geht. Manchmal ist allerdings auch eine medikamentöse Therapie bis ins Erwachsenenalter erforderlich. Alternative Therapieformen erstrecken sich in aller Regel über einen begrenzten Zeitraum.

? Kann AD(H)S geheilt werden?

Nach heutigem Wissensstand ist das nach Meinung der überwiegenden Mehrheit der Fachleute nicht möglich. In einzelnen Teilbereichen wird durch eine geeignete Therapie manchmal eine Normalisierung erreicht. Zudem lassen sich durch entsprechende Unterstützung und angemessene Therapie viele der mit AD(H)S zusammenhängenden Auffälligkeiten verbessern, so dass eine positive Lebensgestaltung möglich wird.

? Wer übernimmt die Kosten einer Therapie bei AD(H)S?

Die Kosten der ärztlichen Diagnostik und Behandlung werden von den Krankenkassen übernommen. Die Kosten für eine Behandlung durch einen Kinder- und Jugendpsychotherapeuten allerdings nur dann, wenn dieser von den kassenärztlichen Vereinigungen zur testpsychologischen Diagnostik und Behandlung zugelassen ist. Wissenschaftlich nicht fundierte Therapien werden von den Kassen nicht bezahlt. Informieren Sie sich gegebenenfalls vorab bei Ihrer Krankenkasse.

Das Familienleben – alles anders und unberechenbar?

? Welche Probleme für das Familienleben bringt AD(H)S mit sich?

AD(H)S kann eine ganze Menge Probleme mit sich bringen – auf allen Ebenen: in der Erziehung und dem Umgang mit dem Kind, in der Geschwisterbeziehung, im sozialen Umfeld der Familie und nicht zuletzt in der Beziehung der Eltern – besteht doch häufig Uneinigkeit, wie man „richtig" mit dem Kind umgeht. Zudem bleibt wenig Zeit für die Partnerschaft. Der Alltag mit einem betroffenen Kind wird oft durch kleinere und größere Auseinandersetzungen belastet. Dadurch fühlen sich Kinder und Eltern häufig überfordert. Diese Probleme darf man nicht ignorieren, sondern muss sie aktiv angehen und möglicherweise mit Hilfe von außen (Familienberatung) zu lösen versuchen.

? Welche typischen Probleme treten bei Kleinkindern mit AD(H)S auf?

Betroffene Kinder fallen schon im zweiten Lebensjahr durch ihre motorische Unruhe und ihren Aktivitätsdrang auf. Oft wirken sie wie getrieben und kommen nicht zur Ruhe. Sie hasten von einer Aktivität zur anderen, zeigen wenig Interesse an Spielen und haben auch im Umgang mit anderen Kindern Probleme, weil sie sie häufig in ihrem Spiel stören. Sie selbst lassen sich kaum in Gruppen integrieren. Schon kleine Kinder mit ADS ohne Hyperaktivität ziehen sich häufig zurück und verlieren sich in Tagträumen. Zudem zeigt sich auch das sogenannte oppositionelle Verhalten schon bei Kleinkindern. Sie halten keine Regeln ein und widersetzen sich Aufforderungen und ganz allgemein Autoritäten. Das ist für die Eltern bei so kleinen Kinder oft besonders schwer zu verstehen, wollen Kleinkinder doch sonst in aller Regel ihren Bezugspersonen Freude machen. Auch die niedrige Frustrationstoleranz zeigt sich bereits und erschwert die Problematik, da das Kind infolge seiner anderen unerwünschten Verhaltensweisen natürlich häufig Kritik und Ermahnung hört. Als Folge kann sich bereits in diesen frühen Jahren aggressives Verhalten ausprägen.

? Ich habe mir immer so sehr eine große harmonische Familie gewünscht. Nun haben wir drei Kinder im Alter von sieben, fünf und drei Jahren. Zwei von ihnen haben wohl eine ADHS. Und nichts ist so, wie ich es mir vorgestellt habe. Irgendwie habe ich das Gefühl, ständig am Rande des Abgrunds zu leben. Jeder Tag verläuft auf eine andere Art chaotisch. Wie können wir nur ein wenig Ordnung in unser Leben bekommen?

Im Alltag einer Familie mit von AD(H)S betroffenen Kindern sind Strukturen, Planung, klare Vorgaben und Konsequenz oberstes Gebot. Das Leben, der Alltag müssen in beinahe allen Bereichen planmäßig durchdacht und die Kinder hindurchgeführt werden. Das ist zugegebenermaßen eine kaum zu leistende Aufgabe – darum wird es auch immer wieder zu „Chaos" kommen. Doch der Alltag sollte unter dieser Zielsetzung angegangen werden – wenn Sie die Dinge einfach auf sich zukommen lassen, gibt es unweigerlich Probleme. Jedes Kind braucht seine Struktur, seinen Rahmen, die ihm Orientierung geben und an denen es sich gleichsam festhalten kann. Diese Regeln gelten strikt und werden auch nicht jeden Tag aufs Neue diskutiert. Es gilt, durch Strukturen ein Umfeld zu schaffen, in dem die Anforderungen zu bewältigen sind. Die Kinder müssen im Laufe der Zeit lernen, Zeit- und Aufgabenpläne zu entwickeln, Übersicht zu schaffen und Dinge zielgerichtet anzugehen. Tages- und Wochenpläne haben sich dabei sehr bewährt. Bei aller Planung müssen Sie aber immer auch bereit sein, flexibel auf die jeweilige Situation zu reagieren.

? Am meisten leide ich darunter, dass in unserer Familie ein so harscher Ton herrscht. Wie schaffen wir es, dass unser ADHS-Kind auf uns hört und nicht immer gleich ausrastet?

Das Problem ist, dass Kinder mit AD(H)S auf normale Erziehungsmaßnahmen meist nicht so reagieren wie andere Kinder. Darauf sind die Eltern nicht vorbereitet und auch weitere Ermahnungen, Bitten usw. scheint das Kind oft gar nicht zu hören. In diesen schwierigen Erziehungssituationen wird man dann verständlicherweise schnell laut – nur führt auch das zu nichts. Am Kind scheint das völlig abzuprallen oder es brüllt kräftig dagegen an. Hier muss

sozusagen bei Null neu angefangen und eine ganz klare Vorgehensweise entwickelt werden.

Und zwar folgendermaßen: klare, knappe Aufforderungen, bei denen genau gesagt wird, was erwartet wird, eine sofortige Kontrolle, ob dem nachgekommen wird,

Die einfache Form des Selbstmanagements

Bei Konfrontationen mit Ihrem Kind, wenn Sie merken, dass die Situation zu eskalieren droht, zählen Sie bis fünf, bevor Sie im Ton schärfer werden. Versuchen Sie dann auch, Ihrem Kind allmählich diese Form der Selbstkontrolle beizubringen: „Wenn die Wut hochsteigt, zähle bis fünf." Oder „Atme erst mal durch." Das ist eine einfache Form des Verhaltensmanagements. Es wird zwar lange dauern, bis sich Ihr Kind das angeeignet hat, doch es wird ihm auch später sehr hilfreich sein.

und wenn nicht, die sofortige Konsequenz. Ihr Kind wird das sicherlich nicht sofort klaglos hinnehmen, doch im Laufe der Zeit wird es sich dieser Struktur anpassen. Wichtig ist, dass nicht zu viel geredet wird und das Kind nicht das Gefühl hat, „überfahren" zu werden. Da es ständig mit so vielen Reizen zu kämpfen hat, ist es bei zusätzlichen Anforderungen sehr schnell überfordert und gerät in Abwehrhaltung. Hieraus entstehen diese „Ausraster". Versuchen Sie, wann immer möglich, ruhig zu bleiben.

? Alles dreht sich immer um unser ADHS-Kind. Wie können in unserer Familie alle zu ihrem Recht kommen?

Das Zusammenleben in einer Familie sollte so sein, dass jeder seinen Platz und seine Annahme findet und sich in seiner Persönlichkeit entwickeln kann. Ebenso wichtig ist, dass sich ein Wir-Gefühl ausbildet und sich eine gemeinsame Familiengeschichte entwickelt. Dazu muss der Alltag funktionieren, in dem jeder zu seinem Recht kommt und in dem man allen wichtigen Ansprüchen gerecht wird – Kindergarten, Schule, Beruf und soziale Kontakte. Daneben wollen alle genügend Aufmerksamkeit und Zuwendung erfahren und jeder soll sein Potenzial ausschöpfen können. Um dies zu erreichen, müssen zum einen der Alltag geplant (siehe Frage auf Seite 40) und Prioritäten gesetzt werden. Dazu gehört auch das Führen eines Terminkalenders, in dem jeder mit seinen Interessen berücksichtigt wird. Zum anderen sind aber auch gegenseitiger Respekt und Achtung voreinander unabdingbar. Damit tun sich Kinder mit AD(H)S meist schwer. Doch das Kind muss begreifen, dass die eigene Freiheit dort aufhört, wo die Freiheit des anderen beginnt. Dazu gehört, dass es verstehen lernt, dass auch seine Mitmenschen – und auch die Eltern – Bedürfnisse haben. Versuchen Sie, Ihrem Kind das von klein auf in alltäglichen Situationen immer wieder klar zu machen. Erklären Sie ihm, dass auch Vater und Mutter nicht nur Pflichten haben und für die anderen da sein können, sondern dass auch sie entspannen müssen und manchmal Freiräume brauchen, um ein wenig Spaß zu haben. In diesem Zusammenhang sollten Sie Ihrem Kind auch schon von Kleinkindbeinen an beibringen, für bestimmte Dinge Verantwortung zu tragen und Pflichten zu übernehmen. Und es muss verstehen und akzeptieren

Kapitel 3

lernen, dass auch jedes Geschwisterkind seine ganz individuellen Bedürfnisse hat. Schreiben Sie einmal auf, welche Bedürfnisse jeder in der Familie hat, und besprechen Sie diese Liste alle zusammen. Ziehen Sie dann in regelmäßigen Abständen gemeinsam Bilanz, wie sich jeder fühlt, was er sich wünscht und wo er zufrieden ist.

? Hat die Aufmerksamkeitsproblematik auch eine Auswirkung auf das Alltagsleben?

Aufmerksamkeit ist eine aktive Leistung des menschlichen Gehirns und Voraussetzung für alle Tätigkeiten des täglichen Lebens. Auf diese Weise wird aus der unüberschaubaren Flut an Reizen bzw. Signalen, die ununterbrochen auf jeden von uns einströmen, das individuell Wesentliche herausgefiltert und anderes abgeblockt. Aufmerksamkeit ist auch die Voraussetzung für die Gedächtnisbildung, also für die Abspeicherung von Wissen und Erfahrungen, um bei Bedarf wieder darauf zurückzugreifen. Sie ist damit die Grundbedingung jeglichen Lernprozesses und allen bewussten Entscheidens und Handelns. Aus diesem Grund ist Aufmerksamkeit eben nicht nur für „die Schule" bzw. „schulisches Lernen" wichtig, sondern für Lernprozesse jeder Art – und das Leben eines Kindes besteht aus diesem unbewussten Lernen. Das Kind erlernt ja jede Tätigkeit, jede Fähigkeit. Da die Aufmerksamkeit bei AD(H)S beeinträchtigt ist und damit auch die Gedächtnisbildung und die Verinnerlichung von Tätigkeiten, benötigt ein Kleinkind mit AD(H)S viel mehr Zeit als andere Kinder, um die für die Beherrschung einer bestimmten Fähigkeit erforderliche Automatisierung zu erwerben.

? Welche Folgen hat die AD(H)S für Geschwisterkinder?

Geschwisterkinder leiden oft in vielfältiger Weise unter der AD(H)S. Zunächst einmal kommen sie oft zu kurz, weil das AD(H)S-Kind die Aufmerksamkeit der Eltern in besonderer Weise beansprucht (siehe nächste Frage). Sie leiden auch darunter, dass es in der Familie häufig zu Streit kommt und es gerade bei Anlässen oft zu „Zwischenfällen" kommt, auf die sie sich freuen, wie zum Beispiel bei Ausflügen oder Festen. Sie spüren die Anspannung, die häufig über der Familie schwebt. Dazu kommt noch, dass die Eltern oft an der Belastungsgrenze sind und den Geschwisterkindern gegenüber schon bei Kleinigkeiten oder dem bloßen Wunsch nach Kommunikation unwirsch reagieren, nach dem Motto: „Mach du nicht auch noch Probleme!" Vom Geschwisterkind wird ständig Verständnis gefordert, und damit ist es oft überfordert. Manche Geschwister werden rebellisch oder aggressiv, andere stecken im Laufe der Zeit automatisch zurück, ziehen sich zurück oder verhalten sich gar überangepasst. Sie merken, wie die Eltern leiden und wollen das durch ihr „braves" Verhalten wiedergutmachen. Es kommt auch vor, dass sich Geschwisterkinder ihre eigene Welt aufbauen, etwa am Computer oder in einer Clique. Hier müssen Eltern wachsam sein, denn das Kind kann ihnen im Laufe der Zeit auch entgleiten. Oder es „funktioniert" lange Zeit problemlos, die Eltern sind froh, sich hier nicht auch noch engagieren zu müssen, doch urplötzlich sind die Noten schlecht oder es kommen heftige Klagen von Lehrern. Oder schlimmer noch, das Kind wird anders auffällig. Denn die eigenen Bedürfnisse und eine durch das ständige Zurückstecken-Müssen bedingte Aggressivität sind unterschwellig fast immer vorhanden und werden sich irgendwann ihren Weg bahnen. Dann kann es sein, dass das Kind manches heimlich auslebt, um die Eltern nicht zu belasten. Es kann aber auch vorkommen, dass sich sozusagen aus Selbsterhaltungstrieb heraus ein ausgeprägter Egoismus entwickelt. Da das Geschwisterkind weitgehend auf sich selbst gestellt ist, muss es allein seine Interessen durchsetzen. Zudem leidet das Geschwisterkind auch darunter, dass es keinen „normalen" Umgang mit Bruder oder Schwester hat. Da AD(H)S-Kinder selten von klein auf Interessen entwickeln, die sie mit anderen teilen, gibt es oft wenige Gemeinsamkeiten unter den

Tipp

Wohnen die Großeltern in der Nähe? Dann wäre es eine gute Idee, für das nicht betroffene Geschwisterkind einen regelmäßigen „Oma-und-Opa-Tag" einzuführen. Großeltern können für alle Kinder eine unschätzbare Bereicherung, und gerade in einer AD(H)S-Familie eine ganz wichtige Unterstützung sein. Bei den Großeltern ist es sicherlich ruhiger als in der eigenen Familie, sie haben Zeit für Gespräche und Spiele mit dem Geschwisterkind und schätzen seine Anwesenheit. Das kann einen wichtigen Ausgleich schaffen.

Geschwistern. Das gemeinsame Sich-Vertiefen in Interessen und das Miteinander-Reden fehlen. Auch der kumpelhafte Umgang unter Geschwistern entwickelt sich nicht. Schon ein vertrautes Arm-um-die-Schulter-Legen gibt es oftmals nicht, weil AD(H)S-Kinder/Menschen auch Probleme mit Berührungen und körperlicher Nähe haben. Es sind viele Kleinigkeiten, die sich summieren. Es gibt wenig Vertrautheit und selten das Gefühl des Verbündet-Seins. So fühlen sich viele Geschwisterkinder trotz des Bruders oder der Schwester allein. Achten Sie daher unbedingt darauf, das Geschwisterkind bewusst wahrzunehmen, Zeit für es einzuplanen und intensiven Anteil an seinem Leben zu nehmen. Loben Sie es für seine Leistungen.

? Unser älterer Sohn leidet sehr unter seinem Bruder mit ADHS. Er meint, wir hätten diesen mehr lieb als ihn und würden uns mehr um ihn kümmern. Wie können wir ihm verständlich machen, dass das nicht stimmt?

Es ist leider so, dass in den Familien das Kind mit AD(H)S oft besondere Aufmerksamkeit erhält – auch wenn es negative Aufmerksamkeit ist. Das spielt für Geschwisterkinder keine so große Rolle. Tatsache ist: Die Eltern beschäftigen sich meist mehr mit ihm als mit den nicht betroffenen Geschwistern. Diese Situation ist eigentlich unerträglich – versetzen Sie sich einmal in die Lage des Bruders oder der Schwester. Ein Kind lebt über die Aufmerksamkeit der

Eltern, es will beachtet und gelobt werden. Daraus entwickelt sich sein Selbstwertgefühl. Das Kind ohne AD(H)S vollbringt sehr viele Dinge, die lobenswert sind. Doch vieles geht im Wirbel um das AD(H)S-Kind unter. Trotzdem bekommt das AD(H)S-Kind auch noch die Aufmerksamkeit der Eltern. Außerdem wird von ihm meist nicht die gleiche Mithilfe erwartet wie von den anderen Geschwistern, weil es dann ohnehin nur wieder zu Auseinandersetzungen kommt. Ältere Geschwister geben oft an, wie nervend es ist, mit einem AD(H)S-Geschwister zu leben. Es wird als lästig empfunden. Es drängt sich in den Mittelpunkt. Es nervt. Es kann sich nicht selbst beschäftigen. Geschwister leiden unter der scheinbaren Streitsucht des AD(H)S-Kindes, das so ganz anders reagiert als die Freunde. Das begreifen sie nicht. Sie können nicht verstehen, dass es sein Verhalten nicht beeinflussen kann – sie selbst können es doch auch und sehen letztlich doch ein, was die Eltern erwarten. Nehmen Sie sich Zeit für Ihren Sohn. Versuchen Sie, sich jeden Tag wenigstens kurze Zeit ihm allein zuzuwenden. Erklären Sie ihm, mit welchen Problemen sein Bruder kämpft und dass er deshalb mehr Zeit der Eltern braucht. Versuchen Sie, bei ihm Verständnis dafür zu schaffen, wie es in der Seele des AD(H)S-Kindes aussieht. Es will nicht so sein, wie es ist, es will auch erfolgreich und beliebt sein usw. Es erlebt überwiegend Misserfolg und ist vor allem innerlich mit sich nicht eins. Nur über Verständnis sind Einfühlung und Akzeptanz möglich. Versichern Sie Ihrem Sohn gleichzeitig, wie stolz Sie auf ihn sind. Erwähnen Sie, was er schon alles kann, und nehmen Sie bewusst Entwicklungen bei ihm wahr, die Sie dann auch loben. Bemühen Sie sich mehrmals am Tag, sich ihm bewusst zuzuwenden und voll und ganz zu widmen.

? Wir sind richtig isoliert. Darunter leide ich sehr. Wie können wir als Familie Freundschaften pflegen?

Dass man mit einem AD(H)S-Kind immer wieder auffällt, daran sollten Sie sich möglichst bald gewöhnen. Schließlich zeigen sich die AD(H)S-bedingten Besonderheiten auch außerhalb der Familie. Leider reagieren auch befreundete Familien oft mit wenig Verständnis. Natürlich hat man von AD(H)S schon gehört, aber irgendwie kann das doch nicht sein, dass das Kind einfach nicht „folgen" will. Und so wird man als Eltern trotz aller Aufklärung auch heute noch vielfach „abgestempelt". Doch auch wenn immer wieder Kontakte verloren gehen oder schwierig sind, geben Sie nicht auf. Versuchen Sie, bei Familien, die Ihnen sympathisch sind, Verständnis zu schaffen. Unternehmen Sie mit anderen Familien etwas draußen, wo Ihr Kind leichter zu lenken – und abzulenken – ist. Hier haben Sie auch eher die Möglichkeit, sich „auszuklinken", wenn es gar nicht anders geht. Versuchen Sie, schon bei der Planung mögliche Probleme vorauszusehen, und seien Sie immer bereit, flexibel zu reagieren. Überfrachten Sie Ihr Kind vor einer Unternehmung oder einem Treffen nicht mit Verhaltensanweisungen und Erwartungen, sonst ist es besonders angespannt. Bleiben Sie möglichst locker. Schließlich hat auch Ihre Familie einiges zu bieten: Sie haben tolle Ideen, sind immer für etwas Neues zu haben und sehen manches nicht so eng. Verabschieden Sie sich vor allem vom Bild der „perfekten Familie", das Sie gerne abgeben würden. Auch bei anderen läuft nicht alles reibungslos. Bitte isolieren Sie sich nicht selbst, weil Sie ein Gefühl des Versagens verspüren. Ihr Kind ist nicht schuld und Sie sind nicht schuld an Ihrer sozialen Situation. Bemühen Sie sich, Menschen zu finden, die das wissen. Gehen Sie zu einer Selbsthilfegruppe. Hier lassen sich am einfachsten Kontakte „auf gleicher Basis" knüpfen. Vielleicht können Sie auch als Familie gemeinsam einem Verein beitreten – hier kann der Kontakt viel lockerer gestaltet werden und sich möglicherweise allmählich intensivieren. Und legen Sie sich ein dickes Fell zu. Es wird immer wieder Menschen geben, die sich verständnislos äußern – selbst wenn man Sie besser kennt.

? Mein Sohn ist fünf und scheint keinerlei Respekt vor mir zu haben. Manchmal beschimpft er mich richtig. Ich hätte es nie für möglich gehalten, dass mein Kind mich derart provozieren kann – und es tut mir sehr weh. Manchmal habe ich eine regelrechte Aggression gegen mein Kind. Ist das normal?

Es darf ruhig ausgesprochen werden, dass Eltern von Kindern mit AD(H)S auch immer wieder Aggressionen verspüren – das Kind ist so anders als andere, so anders, als man es sich vorgestellt hat. Dabei bemüht man sich doch so sehr und scheint überhaupt nichts „zurückzubekommen". Hinzu kommt, dass man zumindest unterschwellig von anderen immer wieder unterstellt bekommt, „alles" falsch zu machen. Halten Sie sich immer wieder vor Augen,

Regeln und Grenzen

sind für alle Kinder wichtig und in der Erziehung unverzichtbar. Sie bieten Orientierung und Leitlinien und ermöglichen nicht nur ein angenehmes familiäres Zusammenleben, sondern helfen dem Kind auch, in die Gesellschaft hineinzuwachsen. Denn wo Menschen zusammenleben, kann man nicht einfach tun, was man will und was einem gerade in den Sinn kommt. Für Kinder mit AD(H)S gilt das natürlich in ganz besonderer Weise. Doch da diese Kinder Schwierigkeiten haben, zu verinnerlichen und aus Erfahrungen zu lernen, dauert es bei ihnen noch viel länger als bei anderen Kindern, bis sie sich an Regeln halten und gesetzte Grenzen tatsächlich beachten.

dass Ihr Sohn sich nicht absichtlich so verhält. Nehmen Sie sein Verhalten und die Beschimpfungen nicht persönlich. Ihr Sohn hat sich nicht unter Kontrolle, sondern braucht ein Ventil für ein momentanes Frustrationserlebnis. Es dauert oft lange, bis einem Kind oder auch Jugendlichen bewusst gemacht werden kann, wie seine Worte wirken. Den sogenannten Perspektivenwechsel, das heißt sich in eine andere Person hineinversetzen zu können, erwerben diese Kinder erst sehr spät. Die richtige Reaktion ist hier, die Situation unverzüglich zu beenden, indem das Kind in eine Auszeit geschickt wird. Wenn es dieser Aufforderung nicht nachkommt, verlassen Sie am besten ohne Diskussion das Zimmer. Später können Sie mit ihm altersgerecht die Situation besprechen. Dabei wird es mit den eigenen Gefühlen konfrontiert und soll erkennen lernen, wie verletzend sein Verhalten ist.

? Sollen wir unserer Tochter sagen, dass sie an ADHS leidet?

Ihre Tochter spürt vermutlich selbst ganz gut, dass sie sich etwas anders verhält als andere Kinder. Wahrscheinlich hat sie aufgrund ihrer Symptomatik auch schon negative Erfahrungen mit anderen Kindern gemacht. Viele betroffene Kinder empfinden sich bald als „unbeliebt" und fühlen sich ausgeschlossen, was für die psychische und die soziale Entwicklung sehr nachteilig ist. Vielen Kindern ist auch früh sehr wohl bewusst, dass ihnen manches nicht so gut gelingt wie anderen, etwa das Malen und Basteln im Kindergarten. Oder sie wissen, dass sie „ständig" etwas vergessen oder verlieren. Dieses Gefühl, „irgendwie anders" zu sein, das betroffene Erwachsene sehr oft als Lebenserfahrung angeben, entsteht bereits beim Kind. Deshalb ist es sinnvoll, einem Kind zu erklären, dass manche seiner Verhaltensweisen als ADHS bezeichnet werden. Erklären Sie Ihrer Tochter in einfachen Worten und nicht zu ausführlich, was darunter zu verstehen ist und dass manche Schwierigkeiten, die sie hat, hierin ihre Ursache haben. Machen Sie ihr deutlich klar, dass sie nichts dafür kann, diese Verhaltensweisen zu besitzen, aber erklären Sie ihr auch deutlich, dass es Lösungen bzw. Hilfestellungen gibt, die damit verbundenen Probleme in den Griff zu bekommen. Vermeiden Sie den Begriff „Störung" und sagen Sie keinesfalls, dass in ihrem Kopf etwas nicht stimmt. Zum einen ist das so nicht richtig, zum anderen würde es das Selbstbild Ihrer Tochter noch weiter beeinträchtigen. Und leicht kann eine solche

Behauptung später auch zur Ausrede werden: „Ich kann eben nicht anders." Mit zunehmendem Alter und je nach Entwicklung der ADHS und der Fähigkeit, damit umzugehen, können Sie erneut und detaillierter über das Krankheitsbild sprechen.

? Wir haben noch ein Baby bekommen. Wie kann ich schon im Säuglingsalter feststellen, ob es auch an ADHS leidet?

Eine Diagnose im medizinischen Sinne lässt sich nicht stellen. Aber natürlich gibt es Hinweise, die bei familiärer Disposition auf eine mögliche Veranlagung schließen lassen. So berichten Mütter von Kindern, bei denen später ADHS diagnostiziert wurde, dass ihr Baby schon im Mutterleib auffallend unruhig war. Auch als Babys waren sie ständig in Bewegung, häufig ziellos. Viele Kinder mit ADHS lehnen Berührungen ab und lassen sich zum Beispiel nur selten und auch nur auf eigenen Wunsch streicheln oder in den Arm nehmen. Eine solche Berührungsempfindlichkeit ist häufig schon beim Baby erkennbar. Auffällig sind auch lang dauernde Schreiphasen, oft ist es ein schrilles Schreien. Auf plötzliche Geräusche reagieren sie schreckhaft und lassen sich kaum beruhigen. Oftmals wirken sie unglücklich, scheinen unter einer ständigen Anspannung zu stehen und leiden auch gehäuft unter Schlafproblemen. Andererseits wirken sie bereits als Babys immer wieder besonders wach und treten kurzzeitig in intensiven Kontakt.

Bei vielen ist die motorische Entwicklung beschleunigt, so dass sie sich früh aufrichten und krabbeln und manchmal schon mit neun Monaten laufen. Sie sind an vielem interessiert, doch nur für kurze Zeit.

? Warum gibt es in einer Familie mit einem AD(H)S-Kind mehr Streit unter Geschwistern?

Dass Geschwister streiten ist normal. Dabei geht es um Rivalität oder, ein weiterer zentraler Beweggrund, um Eifersucht, also den Kampf um die Liebe und die Aufmerksamkeit der Eltern. Wenn ein Kind von AD(H)S betroffen ist, verstärkt sich die Problematik in aller Regel. Die Konflikte steigern sich für die Eltern manchmal bis ins Unerträgliche, und die Beziehungen unter den Geschwistern gestalten sich bisweilen höchst kompliziert. Das hat dieselben Ursachen wie die Tatsache, dass AD(H)S-Kinder insgesamt mehr Probleme im sozialen Umgang mit anderen haben. Das Kind mit AD(H)S ist meist „konfliktfreudig", es sucht Streit auch als Stimulanz. „Normal" spielen ist für viele dieser Kinder ein Fremdwort. Da sich das Kind selten in eine Sache vertiefen kann, kreiselt es sozusagen von einer Beschäftigung zur anderen und stört und piesackt das Geschwisterkind dabei nicht selten ohne Grund. Das Geschwisterkind wird also immer wieder zum Opfer plötzlicher Übergriffe, es wird oft gestört. Gleichzeitig reagiert das AD(H)S-Kind häufig völlig unberechenbar. Es hört entweder überhaupt nicht, egal, wie laut man schreit, oder es überreagiert sofort, wenn man

Die wichtigsten Streitregeln für Kinder
- Nicht körperlich massiv angreifen – nie ins Gesicht schlagen.
- Nicht umstoßen.
- Nicht an den Haaren ziehen.
- Nicht den anderen böse niedermachen.
- Nichts vom anderen kaputt machen.

es nur leicht berührt, fühlt sich schon durch einen leichten freundschaftlichen Schubs oder eine flapsige Bemerkung angegriffen und „flippt" aus. Seine Reizoffenheit führt zu einer hohen Empfindlichkeit. Was andere gar nicht mitbekommen, regt das AD(H)S-Kind extrem auf. Hinzu kommt, dass das hypersensible AD(H)S-Kind immer alles auf sich bezieht. Eine falsche Bewegung des Gegenübers, eine unbedachte Grimasse des Geschwisterkindes, schon fühlt es sich provoziert. Das geschieht oft unbeabsichtigt, aber natürlich weiß dies das Geschwisterkind im Laufe der Zeit auch bewusst einzusetzen und behauptet dann im Brustton der Überzeugung: „Ich habe doch gar nichts getan."

? Wie sollen wir bei Streit reagieren?

Für die ohnehin stark beanspruchten Eltern ist der Geschwisterstreit sehr belastend, zumal sie oft nicht verstehen, warum nun wieder gestritten wird. Es wird ausdauernd, oft ohne ersichtlichen Grund, unberechenbar gestritten. Teilweise spielen sich auch Muster ein. Dann besteht die Gefahr, dass die Eltern Partei ergreifen, zum Beispiel das Verhalten des AD(H)S-Kindes immer verteidigen und beim nicht betroffenen Kind Verständnis einfordern. Oder dass sie das Geschwisterkind immer in Schutz nehmen. Doch auch das wird der Situation nicht immer gerecht, denn Geschwister, so sehr sie oft unter dem AD(H)S-Kind und seiner Impulsivität leiden, wissen dieses durchaus auch zu „triezen" und Streit zu

So reagieren Eltern richtig bei Geschwisterstreit

- Nur eingreifen, wenn die Kinder die Auseinandersetzung nicht selber regeln können.
- Keine Partei ergreifen, nicht Schiedsrichter, sondern höchstens Mittler sein, indem man zur Kommunikation/Verständigung anleitet.
- Die Kinder vor Gewalt schützen; wenn ein Kind handgreiflich wird, die Kinder trennen und eine Auszeit verordnen.
- Klare Streitregeln und Grenzen definieren.
- Oftmals hilfreich, wenn die Situation noch nicht zu verhärtet ist: sich unerwartet verhalten, die Situation auflösen, indem man jedem Kind Aufgaben überträgt.

provozieren. Stellen Sie die leidige Frage „Wer hat Schuld?" erst gar nicht. Vermeiden Sie „Anhörungen", wer nun wieder was gemacht hat. Wenn Sie an Vernunft oder Einsicht appellieren oder lamentieren, verschärft das die Situation. Ergreifen Sie auf keinen Fall Partei, sondern beenden Sie den Streit umgehend, indem Sie die Streithähne trennen und in getrennte Zimmer schicken. Dies gilt umso mehr, wenn es zu Handgreiflichkeiten kommt, die bei AD(H)S-Kindern manchmal erschreckend sein können. Diskussionen, Erklärungen in dieser erregten Situation sind sinnlos.

? Können wir der ständigen Streiterei irgendwie vorbeugen?

Streit wird es in Familien mit von AD(H)S betroffenen Kindern immer geben. Es nutzt auch nichts, den Kindern immer wieder zu sagen, sie sollen sich in Ruhe lassen oder lieb zueinander sein. Hilfreich sind getrennte Bereiche und klare Vorgaben, wer wann was wo darf. Gehen Sie nicht auf Klagen ein, dass der eine mehr darf oder hat als der andere. Streit tritt außerdem in bestimmten Situationen und zu bestimmten Tageszeiten besonders häufig auf. Das ist schon in normalen Geschwisterbeziehungen so. Faktoren wie Müdigkeit, Überreizung oder Hunger spielen dabei eine Rolle. Bei AD(H)S gilt das in besonderer Weise. Diese Kinder brauchen ein festes Gerüst in Form von Strukturen, „leere", freie Zeit wissen sie nicht zu füllen. Dann wird ein Stimulanz gesucht: am einfachsten der Streit. Das gilt für bestimmte Tageszeiten, etwa am späten Nachmittag, wenn zusätzlich Hunger oder Müdigkeit auftreten, oft auch an den Wochenenden und in den Ferien. In diesen Situationen muss das Kind gleichsam aufgefangen werden, es braucht Ablenkung, ein bestimmtes Programm.

Bei medikamentös behandelten Kindern ist Streit auch oft vorprogrammiert, wenn die Wirkung des Medikaments nachlässt. Denn das Kind kann mit dem plötzlichen Wechsel in seinem Inneren nicht umgehen. Auch auf diese Zeiten sollten die Eltern vorbereitet sein, am besten durch eine gemeinsame körperliche Aktivität.

Insgesamt gilt es, schwierige Situationen möglichst zu vermeiden, zum Beispiel Langeweile am Wochenende. Auch einfache Zimmerregeln wie „Keiner betritt ohne Anklopfen das Zimmer des anderen" oder „Es wird nichts einfach weggenommen" können, konsequent eingefordert, manchem Streit vorbeugen.

? Unsere Tochter hat ADHS. Sie ist ein Energiebündel und ständig in Bewegung. Das ist manchmal kaum auszuhalten. Was können wir dagegen tun?

Die Hyperaktivität ist nun einmal ein Symptom der ADHS und meist gerade bis zum Jugendalter besonders stark ausgeprägt. Das Gefühl, ständig einen „Gummiball" um sich zu haben, kennen viele Eltern mit jüngeren ADHS-Kindern. Das zehrt im Laufe der Zeit gewaltig an den Nerven der Eltern. Doch „wegerziehen" oder „wegdiskutieren" können Sie diesen Bewegungsdrang nicht. Schaffen Sie für Ihre Tochter ein Umfeld, in dem sie ihren Bewegungsdrang so ausleben kann, dass Sie nicht ständig gestört sind und sie selbst wenig gefährdet ist. Schön, wenn Sie einen Garten haben. Bewegungsspielgeräte sind ein sinnvolles Geschenk. Versuchen Sie, in Ihrer Freizeit als Familie viel in der Natur zu unternehmen – Radtouren, Entdeckungstouren in Wald und Feld. Jeden Mittag hinaus, ein langer Spaziergang, das Kind mit Roller oder Fahrrad, sollte wenn irgend möglich eingeplant werden. Kanalisieren Sie die Energie Ihres Kindes in möglichst vielfältiger Weise. Mit zunehmendem Alter können auch regelmäßige, bewusst auf die Bedürfnisse und

Fähigkeiten des Kindes abgestimmte Sportarten sehr hilfreich sein, um den Bewegungsdrang auszuleben.

> **?** Ich lebe in ständiger Angst, dass unserer vierjährigen Tochter etwas Ernsthaftes passieren könnte. Sie steht wie unter Strom, ist dabei schusselig und unbedacht und klemmt sich auch immer wieder die Finger ein, stößt sich oder fällt hin. Aber es macht ihr nichts aus. Wie kann ich ihr ein Gefahrenbewusstsein vermitteln?

Bei Kindern mit ADHS besteht tatsächlich eine bis zu sechsfach höhere Unfallgefährdung. Das hat mehrere Ursachen. Zum einen liegt es an der motorischen Überaktivität und häufig auch an der motorischen Ungeschicklichkeit in der Feinabstimmung der Bewegungsabläufe, was sich als Schusseligkeit äußert. Zum anderen spielt auch die Impulsivität eine Rolle – das Kind handelt aus jeder plötzlichen Regung heraus sprunghaft, bevor es denkt und die Situation einschätzt. Damit, und auch weil es aus Erfahrungen nur schwer lernt, kann es Gefahren schlecht einschätzen. Außerdem reagiert es nicht auf Mahnungen, vergisst Vorgaben auch sofort wieder und rennt zum Beispiel auf die Straße, auch wenn man ihm schon hundertmal erklärt hat, wie gefährlich das ist und dass es das nicht darf.

Hinzu kommt, dass diese Kinder Geschwindigkeit, zum Beispiel beim Fahrradfahren, oder starke Bewegungsimpulse, zum Beispiel von einem Baum springen, lieben und suchen. Denn so können sie sich selbst spüren. Hier ein Gefahrenbewusstsein zu schulen ist eine langwierige und schwierige Aufgabe. Im Kleinkindalter wird es am sichersten sein, Gefahrenquellen möglichst zu entfernen und dem Kind Beschränkungen, auch räumlicher Art, aufzuerlegen. Bei neuen Tätigkeiten, auf unbekanntem „Terrain" darf es nicht allein sein. Im Straßenverkehr bleibt es gefährdet und sollte sich hier nicht allein bewegen. Entsprechende Schutzkleidung bei Sport (Helm, Knieschoner usw.) ist Pflicht. Versuchen Sie, Ihr Kind in der jeweiligen Situation mit kurzen Worten auf die Gefahren aufmerksam zu machen. Doch auch nach zehnmaliger „Übung" können Sie sich nicht darauf verlassen, dass Ihr Kind sich in der jeweiligen Situation richtig verhält. Vor allem dann nicht, wenn es durch andere Kinder oder eine andere Sache abgelenkt ist – und das ist es eigentlich immer. Üben Sie Situationen, Handreichungen, zum Beispiel zu Hause, in der Küche, im Umgang mit Gerätschaften, immer wieder in ruhigen Augenblicken mit ihm ein. Auch in Gesprächen oder beim Betrachten von Bilderbüchern kann, in einfachen Worten und in knappen Verhaltensvorgaben, das Gefahrenbewusstsein ganz allmählich geschult werden. Aber denken Sie daran: Ihr Kind bleibt stärker unfallgefährdet als andere. Schaffen Sie darum ein möglichst gefahrenfreies Umfeld und behalten Sie es nach Möglichkeit im Auge.

? Wir haben drei Kinder. Bei unserer sechsjährigen Tochter und unserem vierjährigen Sohn besteht nach Meinung des Kinderarztes wohl eine ADHS. Unser Familienleben ist entsprechend angespannt. Nun gibt es nicht nur ständig mit den Kindern Ärger, sondern auch mein Mann und ich streiten uns immer öfter. In letzter Zeit zieht er sich immer mehr zurück. Ich habe Angst, dass unsere Familie zerbricht. Aber was soll ich tun? Ich kann an unserer Situation doch nichts ändern.

Der Alltag mit ADHS, die ständigen Reibereien und Konflikte stellen die ganze Familie auf eine enorme Belastungsprobe. Die Eltern streiten nicht selten über Erziehungsfragen. Zeit für die Partnerschaft, für gemeinsame Unternehmungen ohne Kinder, die alle Eltern auch brauchen, bleibt sowieso nicht. Häufig ziehen sich die Männer noch stärker ins Berufsleben zurück und die Mütter haben das Gefühl, zu Hause alles alleine regeln zu müssen. Die Entfremdung nimmt so noch weiter zu. Es ist tatsächlich so, dass in Familien mit ADHS-Kindern drei- bis fünfmal mehr Trennungen und Scheidungen vorkommen als in Familien ohne ein ADHS-Kind. In mehreren Untersuchungen konnte nachgewiesen werden, dass Eltern von ADHS-Kindern häufiger an Stress-Symptomen, Schuldgefühlen, sozialer Isolation, Depressionen und Ehekrisen leiden als die Eltern gesunder Kinder. Einer solchen Entwicklung müssen Sie ganz bewusst entgegensteuern – und zwar beide. Bleiben Sie zunächst mit Ihrem Mann im Gespräch. Informieren Sie sich beide ausführlich über ADHS. Dann werden Sie sehen, dass es vielen betroffenen Paaren ebenso geht wie Ihnen und „es" nicht Ihre persönliche „Schuld" ist. Ganz konkret sollten Sie zunächst eine Art

Kapitel 3

Bestandsaufnahme machen: Wo stehen wir? Wie geht es jedem von uns? Was hat sich aus Sicht jedes Partners verändert? Klären Sie dann im nächsten Schritt Ihre Wünsche: Wie stellen wir uns unser gemeinsames Leben vor? Wohin wollen wir? Dann gilt zu klären, wie viel davon zu erreichen ist. Arbeiten Sie außerdem unbedingt daran, die tägliche Kommunikation zu verbessern. Leben Sie nicht nebeneinander her. Lassen Sie nicht zu, dass jeder sich in sich zurückzieht. Denn nur gemeinsam können Sie Ihr Familienleben meistern. Dazu gehört auch, dass Sie Ihren Kindern gegenüber eine gemeinsame Linie vertreten. Weisen Sie ihnen einen klaren Weg, den Sie beide gutheißen und konsequent einhalten. Das gibt den Kindern Halt und Struktur und sie haben nicht die Möglichkeit, Sie gegeneinander auszuspielen.

Auch Eltern brauchen Auszeiten

Bei der schwierigen Erziehungsarbeit in Ihrer Familie brauchen auch Sie als Eltern Auszeiten – jeder für sich und beide gemeinsam. Versuchen Sie daher unbedingt, sich auch Freiräume zu schaffen. Ohne gelegentliche Auszeiten kann niemand eine gute Partnerschaft pflegen. Ein Babysitter muss wenigstens gelegentlich möglich sein. Pflegen Sie Hobbys, Rituale und unternehmen Sie gelegentlich etwas – so wie früher. Und nicht zuletzt: Eine Paartherapie kann oft hilfreich sein.

Die Belastung durch das AD(H)S-Kind

Ein Kind mit AD(H)S kann die Eltern – und letztlich auch die Partnerschaft – in höchster Weise beanspruchen und belasten. Sind mehrere Kinder betroffen, gilt dies natürlich umso mehr. Das Kind fordert beide Eltern manchmal extrem (heraus). Das Problem der Überforderung trifft beide Partner. Wenn dabei jeder für sich allein bleibt und die Beziehung diese Situation nicht trägt, kann man die Zukunft leicht nur noch schwarz sehen. Man kämpft sich durch – mit dem Kind, dem Alltag, dem sozialen Leben. Alles scheint ein Trott zu sein, ohne Abwechslung. Hinzu kommt die schwere Verantwortung für das Kind. Wenn die Eltern keine Kraft mehr haben oder dem Kind überhaupt nicht mehr gewachsen sind, kommt es manchmal sogar dazu, dass sie das Kind aufgeben oder ablehnen und so überhaupt keine Erziehung mehr stattfindet. In einer solchen Situation ist Hilfe von außen unerlässlich. Wenden Sie sich an eine Beratungsstelle.

? Die Situation in unserer Familie – unsere Kinder sind acht und vier – ist total verfahren. Kann uns eine Familientherapie helfen?

Das wäre durchaus einen Versuch wert. Bei familientherapeutischen Verfahren wird der Umgang der Familienmitglieder miteinander analysiert und verbessert. Gerade im Umgang mit einem AD(H)S-betroffenen Kind können hier Fortschritte erzielt werden. Die Familientherapie geht davon aus, dass bei

einer Einzelbehandlung des Kindes, zum Beispiel durch Verhaltenstherapie, zwar gewisse Erfolge erzielt werden können, diese aber
oftmals nicht von Dauer ist. Außerdem sind die innerfamiliären
Strukturen durch die meist schon lange unbehandelte AD(H)S in
der Regel stark belastet. Diese Verflechtungen sollen in einer Familientherapie aufgespürt und möglichst gelöst werden. Es gibt
dabei verschiedene Formen der Familientherapie, die auf unterschiedlichen therapeutischen Ansätzen beruhen, etwa auf Psycho-
analyse oder Verhaltenstherapie. Sehr oft wird die systemische
Familientherapie angewandt. Sie geht davon aus, dass sich das
Verhalten eines einzelnen Familienmitglieds aus den Einflüssen
seines Umfelds ergibt. Gleichzeitig beeinflusst der Einzelne auch
durch sein Verhalten seine Umwelt. Somit stehen alle Familienmitglieder in Wechselwirkung miteinander. Wird nun mit den
einzelnen Familienmitgliedern gearbeitet, hat deren jeweilige
Verhaltensveränderung immer auch Einfluss auf das gesamte
Zusammenleben. So werden in der Therapie bestimmte eingefah-
rene Beziehungsmuster deutlich, und es können neue Verhaltensweisen erarbeitet werden. Auf diese Weise entspannt sich die
familiäre Situation.

In speziellen Eltern-Kind-Programmen lernen die Eltern Techniken,
wie sie ihren Umgang mit dem Kind positiv beeinflussen, ihr Kind
stärken und gleichzeitig sein Verhalten besser kontrollieren können. Auskünfte kann Ihnen Ihr Kinderarzt oder auch eine Selbsthilfegruppe geben.

Kindergarten und Freunde

? Unser fünfjähriger Sohn findet einfach keine Freunde. Irgendwie verstehe ich das, weil er sich nie an Regeln hält und immer der Chef sein will. Wie kann ich ihm helfen?

AD(H)S beeinträchtigt die sozialen Beziehungen, und dadurch haben betroffene Kinder häufig Probleme mit Gleichaltrigen und Schwierigkeiten, Freunde zu finden oder zu behalten. Das hat die gleichen Gründe und Ursachen, weshalb auch das Zusammenleben in der Familie und der Umgang mit den Geschwistern so schwierig ist. Kinder mit AD(H)S stören andere in ihrem Spiel, sind sprunghaft, reden viel und laut, und oft reißen sie das ganze Gespräch an sich. Außerdem können sie sich schlecht integrieren und wollen den Ton angeben, also der „Chef" sein. Wird dies nicht akzeptiert, werden sie schnell ausfällig oder aggressiv – und gelten bei den anderen natürlich als Spielverderber. Doch dabei leiden die Kinder mit AD(H)S sehr darunter, von Gleichaltrigen nicht akzeptiert zu werden.

In einer Untersuchung zeigte sich, dass andere Kinder vor allem vier Verhaltensweisen nicht akzeptieren: das Nichtbefolgen von Spielregeln, mangelnde Hilfsbereitschaft, Jammern und fehlende Aufmerksamkeit. Daher sollten Sie besonderen Wert darauf legen, dass Ihr Kind hilfsbereites Verhalten lernt und Spielregeln befolgt, um so die Akzeptanz unter Gleichaltrigen zu erhöhen. Das ist ein mühsamer, langwieriger Weg – wie der Erwerb jedes regelgerechten Verhaltens bei Kindern mit AD(H)S. Versuchen Sie, zu Hause mit Ihrem Kind Spiele zu machen, bei denen Regeln beachtet werden müssen. Lassen Sie es nicht schummeln, auch wenn es zu Konflikten führt. Achten Sie besonders im Alltag konsequent auf die Einhaltung von Regeln und fordern Sie Hilfsbereitschaft ein. Lassen Sie nicht zu, dass Ihr Sohn immer alles bestimmt. Versuchen Sie, ihm immer wieder in alltäglichen Situation in kurzen, klaren Sätzen die Bedeutung von regelgerechtem Verhalten und Hilfsbereitschaft deutlich zu machen und ihm zu verdeutlichen, dass man auch gleichberechtigt miteinander umgehen kann und muss. Laden Sie immer mal wieder ein Kind zum Spielen ein – so kann Ihr Kind umgängliches, tolerantes Verhalten besser lernen als im Umgang mit mehreren Spielkameraden.

? Unsere Tochter ist mit ihren fünf Jahren schon eine richtige Außenseiterin. Nie kommen andere Kinder zu uns zum Spielen und auch draußen bleibt sie immer allein. Sie selbst sagt, sie brauche keine Freunde. Das ist dann doch auch in Ordnung so, oder?

Wahrscheinlich spürt Ihre Tochter, wenn sie an AD(H)S leidet, selbst, dass sie Probleme im Umgang mit anderen Kindern hat, oder hat bereits „schlechte" Erfahrungen gemacht und sich deshalb von selbst zurückgezogen. Nun redet sie sich ein, dass sie niemanden braucht. Doch das ist keine gute Entwicklung. Normaler-

Warum Freunde wichtig sind

Im Umgang mit Freunden lernt ein Kind soziales Verhalten. Es lernt, sich in einen anderen hineinzuversetzen; es übt sein Kommunikationsvermögen; es lernt, andere Meinungen zu verstehen und Kompromisse zu finden. Freunde zu haben gibt Sicherheit, verleiht Mut und stärkt das Selbstvertrauen. Hat ein Kind über längere Zeit keine Freunde, kann sich das nachteilig auf seine geistige und soziale Entwicklung auswirken.

weise beginnt ein Kind mit etwa drei Jahren lieber mit anderen Kindern zu spielen als allein. Im Vorschulalter werden Freunde dann immer wichtiger. Mit Freunden hat man Spaß, man teilt mit ihnen kleine Geheimnisse, man geht zusammen durch „dick und dünn". Freunde sind sehr wichtig für die Persönlichkeitsentwicklung. Versuchen Sie daher, die sozialen Verhaltensweisen Ihrer Tochter zu fördern und selbst erste Kontakte herzustellen, indem Sie gelegentlich ein Kind zum Spielen einladen (siehe vorige Frage). Bleiben Sie dabei natürlich im Hintergrund, aber seien Sie bereit, bei aufkommenden Problemen vorsichtig regulierend einzugreifen.

? Welche Auswirkung hat AD(H)S auf die soziale Entwicklung des Kindes?

Das Ungestüm, die Ungeduld, die Rastlosigkeit, die mangelnde Fähigkeit, sich zu integrieren und zuzuhören, und das Bedürfnis, immer den Ton anzugeben, führen schon im Kleinkindalter zur Ablehnung bei Spielkameraden. Keiner will mit dem AD(H)S-Kind spielen und es wird nicht zu Geburtstagsfeiern eingeladen. So kann es nicht lernen, stabile Freundschaften aufzubauen. Diese frühen Erfahrungen sozialer Ablehnung führen dazu, dass sich das Kind zurückzieht, sie können auch die Neigung zu Depressionen verstärken und schwächen das ohnehin geringe Selbstwertgefühl weiter. Zudem fehlen wichtige Erfahrungen, die man mit anderen Kindern macht: die Erkundung der Umwelt, Rollenspiele, die bestimmte Verhaltensweisen einüben, Wissen, das im Umgang mit anderen Kindern erworben wird. Durch die Außenseiterposition wächst später die Gefahr, in die „falschen Kreise" zu geraten.

? Selbstwertgefühl und erfolgreiche soziale Kontakte hängen doch zusammen. Wie kann man beides bei einem Kind mit AD(H)S fördern?

Es ist für die Entwicklung und das Selbstwertgefühl des Kindes ganz wichtig, ihm zu helfen, Freundschaften aufzubauen. Dazu braucht es zunächst Selbstvertrauen, das es durch möglichst viel Lob und Erfolgserlebnisse im Umgang mit Bezugspersonen gewinnt. Dann ist zu überlegen, welche Kontakte zunächst aufgebaut werden könnten – vielleicht mit Kindern befreundeter Familien? Oder mit Kindern, die etwas älter sind – sie werden von dem AD(H)S-Kind vielleicht bewundert

**So können Sie
Ihr Kind fördern**

Das Selbstwertgefühl Ihres Kindes unterstützen Sie auch, wenn Sie seine Fähigkeiten und Stärken fördern. Mit zunehmendem Alter kann man das Kind, auf der Basis seiner Fähigkeiten, beispielsweise in einen Verein, einen Chor oder eine Musikgruppe integrieren. Dies fördert die Ausbildung eines stabilen sozialen Netzes und ermöglicht wichtige Lernerfahrungen. Natürlich sollen Sie es auch an Ihren eigenen Kontakten teilhaben lassen. Bei schwerwiegenden Kontaktproblemen sollte man mit dem Kinderarzt sprechen und überprüfen, ob das Kind von einer medikamentösen Therapie profitieren könnte oder eine psychotherapeutische Hilfestellung sinnvoll wäre.

und es lässt sich leichter von ihnen führen. Oder mit einem jüngeren Kind – hier kann es zwar der Dominierende sein, ist aber durch die AD(H)S-bedingte Sensibilität oft auch sehr zuvorkommend und einfühlsam. Auf einer solchen Basis kann es erste positive Erfahrungen machen. Auch in Bilderbüchern oder durch Rollenspiele mit Puppen können die Eltern mit ihrem Kind „üben"

und besprechen, was Freundschaft ist und dass man dabei nicht nur Spaß hat, sondern auch Rücksicht nimmt und sich gegenseitig achtet und beisteht. Als nächsten Schritt lädt man dann ein etwa gleichaltriges Kind aus der Nachbarschaft oder dem Kindergarten zum Spielen ein und schafft eine für das eigene Kind günstige Umgebung.

? Unser Sohn ist fünf und hat einen guten Freund. Er ist zwar dominant, aber weil sein Freund eher schüchtern ist, scheinen sich die beiden gut zu ergänzen. Nur an Gruppenaktivitäten mag er überhaupt nicht teilnehmen. Warum nicht? Er kommt doch auch mit seinem Freund gut aus.

Diese Erfahrung machen viele Eltern eines Kindes mit AD(H)S. Es ist schon einmal gut, dass Ihr Sohn einen Freund hat, mit dem er regelmäßig spielt. Aber selbst AD(H)S-Kinder, die über verhältnismäßig gute soziale Fähigkeiten verfügen, haben in einer größeren Gruppe oft Probleme. Für sie besteht hier vermutlich eine Reizüberflutung und sie werden von den vielen verschiedenen Wahrnehmungen überfordert. Zum einen bereiten ihnen bereits die vielen Bewegungen und Stimmen ein Problem. Denn sie können sie kaum trennen, geschweige denn, adäquat darauf reagieren. Oft bestehen auch noch störende Hintergrundgeräusche, die sie ebenfalls nicht ausblenden können. Zum anderen fällt es ihnen schwer, sich aufgrund ihrer Aufmerksamkeitsproblematik rasch auf verschiedene Themen einzustellen. Es bricht gleichsam zu viel über sie herein, so dass sie entweder abschalten oder sich in einen kleineren Kreis zurückziehen.

? Mit welchen Schwierigkeiten ist bei der Eingewöhnung in den Kindergarten zu rechnen?

Im Kindergarten muss sich das Kind in eine Gruppe integrieren, es muss sich bisweilen mit seinen momentanen Bedürfnissen zurück-

So bereiten Sie Ihr Kind auf den Kindergarten vor

Ganz unabhängig von einer AD(H)S gibt es bestimmte Maßnahmen, mit denen Sie Ihrem Kind die Eingewöhnung in den Kindergarten erleichtern:

- Stellen Sie sicher, dass Ihr Kind seine Bedürfnisse angemessen äußern kann.
- Planen Sie für die ersten Wochen Zeit ein. Liefern Sie Ihr Kind nicht in Hektik ab. Bleiben Sie kurze Zeit da und schauen zu.
- Verabschieden Sie sich bewusst, aber konsequent von Ihrem Kind.
- Holen Sie Ihr Kind pünktlich ab und lassen Sie es nicht warten.
- Stellen Sie sich darauf ein, dass Ihr Kind Zeit braucht, um die vielen Erlebnisse zu verarbeiten, und zu Hause auch schwierig sein kann.
- Erwarten Sie nicht, dass alles reibungslos läuft.
- Nehmen Sie sich Zeit für Ihr Kind, achten Sie auf Anzeichen einer möglichen Veränderung bei ihm.
- Pflegen Sie den Kontakt mit der Erzieherin.

nehmen und soll sich sowohl selbst als auch mit anderen Kindern ausdauernd und entsprechend bestimmter Regeln beschäftigen. Es muss auch längere Zeit still sein und still sitzen können und in der Lage sein, mögliche Probleme verbal gütlich zu lösen. All das ist für ein Kind mit AD(H)S ein Problem. Für diese Kinder stellt der Kindergarten eine Form der Reizüberflutung dar. So viel strömt hier auf sie ein. Sie erleben Gruppenbeschäftigungen als Überforderung (siehe vorige Frage) und können sich nicht konstruktiv daran beteiligen. Stattdessen versuchen sie, diesen Situationen auszuweichen, und stören dabei eventuell andere Kinder. Sie wollen dominieren oder ziehen sich völlig zurück. Außerdem haben sie eine sehr niedrige Frustrationsgrenze, was das Spielen in der Gruppe fast unmöglich macht. So wird das Kind sehr früh als „störend" empfunden und erlebt immer wieder negative Rückmeldungen, was es noch stärker unter Druck setzt und die Situation verschlimmert. Es entsteht ein Teufelskreis. Außerdem erfährt das Kind auch im Kindergarten eigene Defizite, etwa beim Malen und Basteln oder bei Bewegungsspielen.

Wissen Erzieherinnen im Kindergarten über AD(H)S Bescheid?

Man sollte voraussetzen können, dass pädagogische Fachkräfte heute über fundiertes Wissen darüber verfügen – auf jeden Fall ist es heute Teil der Ausbildung. Dennoch sind das theoretische Wissen und der praktische Umgang im anstrengenden Erzieherinnenalltag mit oft großen Gruppen zweierlei. Darum ist es wichtig, einen engen Kontakt zu den Erzieherinnen zu pflegen, nachzufragen, sich das Verhalten des eigenen Kindes beschreiben zu lassen, eventuell vorsichtig bewährte Hilfen im Umgang mit dem Kind anzubieten und auch eigene Erfahrungen mit dem Kind und den Umgang mit ihm mitzuteilen.

? Unser Sohn ist dreieinhalb und hat aller Wahrscheinlichkeit nach eine ADHS. Welche Probleme damit verbunden sind, wissen wir schon sehr gut. Wäre es nicht besser, wenn er erst gar nicht in der Kindergarten ginge? Dort wird es sowieso nur zu Schwierigkeiten kommen.

Auf jeden Fall sollte Ihr Sohn in den Kindergarten gehen. Er muss seine sozialen Fähigkeiten ja ausbilden und trainieren können. Und das ist im Kindergarten allemal leichter als in der Schule. Je früher er in den Kindergarten kommt, desto besser. In der Schule wird Ihr Sohn – und Sie – zusätzlich mit Leistungsanforderungen und -problemen konfrontiert werden. Es ist unerlässlich, dass er dann bereits über konstruktive Verhaltensmuster und die Fähigkeit verfügt, sich in eine Gruppe zu integrieren. Im Kindergarten hat er die Möglichkeit, dies schrittweise mit Verständnis der Erzieherin und in einem eher offenen Umfeld ohne zusätzliche Leistungsanforderungen zu üben.

? Meine Tochter beklagt, dass es ihr im Kindergarten zu laut sei und sie dort Kopfschmerzen bekäme. Dabei ist sie selbst alles andere als leise. Ist das eine Ausrede?

Nein, das muss es nicht sein. Es ist tatsächlich so, dass viele Kinder mit ADHS, die selbst im Alltag durch ihre Unruhe ziemlichen Lärm verursachen und oft auch sehr laut reden, lärmempfindlich sind. Häufig leiden betroffene Kinder an einer Hyperakusis, also an einer Überempfindlichkeit gegen Geräusche. Obwohl sie selbst viel Lärm machen und laut reden, vertragen sie eine laute Umgebung nicht. Gelegentlich kann dies auch der Grund für eine Kindergarten- oder Schulverweigerung sein. Genauso wie eine hohe taktile Empfind-

lichkeit (Berührungsempfindlichkeit) besteht, scheint die Reiz-
schwelle für Lärm herabgesetzt zu sein, oder es wird übersensibel
reagiert. Das kann etwas mit der hohen Sensibilität dieser Kinder
zu tun haben, bei Lärmempfindlichkeit in speziellen Fällen aber
auch etwas mit der Hörwahrnehmung. Das können Sie durch
einen Ohrenarzt abklären lassen. Die Reizüberflutung, verbunden
mit der erhöhten Sensibilität, kann als dauerhafte Überforderung
auch Ursache der Kopfschmerzen sein. Vielleicht besucht Ihre
Tochter zunächst nur wenige Stunden am Tag den Kindergarten,
um sich allmählich daran zu gewöhnen? Sprechen Sie auch mit
der Erzieherin, damit sie bei der Einteilung der Gruppen und der
Aktivitäten auf die besonderen Bedürfnisse Ihrer Tochter Rücksicht nehmen kann.

? Ich habe den Eindruck, dass die Erzieherin im Kindergarten
wenig auf die ADHS-Problematik unseres Sohnes eingeht.
Kürzlich habe ich mitbekommen, dass unser Sohn und noch
zwei andere „wilde" Jungs ihren Kindergartenvormittag
weitgehend auf dem Gang verbringen, wo sie Autos hin-
und herrasen lassen. Ist das sinnvoll?

Bei Kindern mit ADHS ist die motorische Unruhe und Umtriebig-
keit im Kindergarten besonders auffällig, da der Kindergartenalltag darauf in aller Regel nicht eingerichtet ist. Jedoch kann man
heute voraussetzen, dass eine Erzieherin umfassend über ADHS
informiert und bereit ist, das Kind in die Gruppe zu integrieren.

Dass störende Kinder aus dem Gruppengeschehen regelmäßig ausgeschlossen werden, darf natürlich nicht sein. Sind die Probleme tatsächlich so gravierend, dass die Erzieherin keine Möglichkeit für eine Gruppenarbeit sieht, muss sie im Gespräch mit den Eltern nach Lösungen suchen und gegebenenfalls Therapieempfehlungen machen, wie dem Kind mit Unterstützung von außen geholfen werden kann. Suchen Sie in Ihrem Fall selbst das Gespräch mit der Erzieherin, ohne ihr Vorwürfe zu machen. Versuchen Sie herauszufinden, welche Meinung sie über ADHS hat und wie gut sie dazu ausgebildet ist. Versuchen Sie klar zu machen, dass Ihr Kind im Kindergarten nicht sich selbst überlassen werden darf, sondern auch hier klare Strukturen, Konsequenz, Konsistenz und Regelmäßigkeit braucht. Wenn sich nichts an der Situation ändert, wenden Sie sich an die übergeordnete Stelle. Ihr Kind hat das Recht auf eine optimale Förderung im Kindergarten und es braucht diese auch!

? Welche Tipps gibt es für den Umgang mit AD(H)S-Kindern im Kindergarten?

Wohl am wichtigsten sind ein vertrauensvolles Verhältnis zwischen Erzieherinnen und Eltern, fundiertes Wissen über das Störungsbild sowie die Bereitschaft, das Kind anzunehmen und es nach Kräften zu unterstützen – auch wenn dies für die Erzieherin sehr anstrengend sein kann. Wenn nötig, sollte therapeutische oder beratende Hilfe in Anspruch genommen werden. Als Erzieherin ist es hilfreich, erst einmal auf das Kind zu achten, es zu beobachten und es selbst zu fragen, wie es den Kindergartenalltag am besten bewältigt. Kinder mit AD(H)S brauchen klare Strukturen, ein gewohntes Umfeld, Tages- und Arbeitspläne und Grenzen, an denen sie sich gleichsam festhalten können. Darüber hinaus brauchen sie häufige Wiederholungen und Anweisungen, weil sie vieles einfach gleich wieder vergessen. Blickkontakt ist im Umgang mit dem Kind sehr hilfreich, ebenso wie gegebenenfalls eine kurze Berührung, um es „zurückzuholen". Zu viele Worte und Ermahnungen führen nicht ans Ziel, sondern schaden eher. Insgesamt ist es hilfreich, einen engen Kontakt zum Kind zu halten. Da es von komplexen Aufgaben überfordert ist, sollten sie in einzelne Schritte unterteilt werden. Wenn es die ausführt, erlebt es Erfolgserlebnisse, die seinem Selbstvertrauen sehr zugute kommen. Überhaupt sind Lob und Ermutigung mit das Beste, was man betroffenen Kindern geben kann. Formulieren Sie daher auch als Erzieherin immer klar und deutlich, was Sie vom Kind erwarten, fragen Sie eventuell nach und geben Sie ihm dann ein Feedback.

Zudem will sein Interesse gefesselt werden – das ist das oberste Gebot bei AD(H)S. Langeweile ist unerträglich und führt unweigerlich zu störendem Verhalten. Versuchen Sie daher, dem Kind immer wieder Unbekanntes zu bieten, das es zwar nicht überfordert, aber neugierig macht. Behalten Sie das Kind auch im Freispiel im Auge und lenken Sie es unauffällig. Achten Sie darauf, mit wem es zusammen ist – und trennen Sie die Kinder ohne viel Aufhebens, vielleicht einfach durch anderweitige Ablenkung, wenn Sie den Eindruck haben, dass hier nicht konstruktiv miteinander umgegangen wird. Verhindern Sie, dass das AD(H)S-Kind zum Außenseiter

Oft hilft Humor weiter

AD(H)S-Kinder sind sehr kreativ und lieben Überraschungen und Neues. Daher kann man mit Humor und unerwarteten spielerischen Reaktionen so manche heikle Situation entschärfen und erreicht viel mehr als durch Vorhaltungen oder Strenge – zu Hause genauso wie im Kindergarten.

wird oder sich selbst zurückzieht, indem Sie es für eine bestimmte Zeit immer wieder in Gruppen integrieren. Helfen Sie ihm dabei, Selbststeuerung zu erwerben, indem Sie ihm erlauben, in Situationen, in denen es das Gefühl hat, gleich „auszurasten", kurz hinaus in den Gang zu gehen. Diese Funktion einer kurzen Auszeit lässt sich beim älteren Kind beispielsweise dadurch weiterführen, dass es erst bis fünf zählt, bevor es reagiert. Es ist ganz wichtig, im Kindergarten die sozialen Kompetenzen des Kindes zu entwickeln und zu fördern. Doch auch in seinen anderen Fähigkeiten muss es, wie alle Kinder, gefördert werden – teilweise noch mehr, um in der Schule nicht mit zusätzlichen Startschwierigkeiten zu kämpfen zu haben. Dazu gehört die Schulung der Feinmotorik: Kinder mit AD(H)S drücken sich gern vor dem Malen und Basteln. Lassen Sie das nicht zu. Dazu gehört aber auch die Gedächtnisbildung, oft ein Problem bei AD(H)S: Unterstützen Sie Ihr Kind durch häufige Wiederholungen, durch Vorlesen und Nachfragen, aber auch durch kleine Eselsbrücken, die Sie ihm beibringen können. Regelmäßige Bewegungsangebote oder Möglichkeiten zur Bewegung sind unerlässlich.

? Im Zusammensein mit anderen Kindern ist vor allem die Impulsivität unseres Sohnes ein ständiges Problem. Warum sind Kinder mit AD(H)S so impulsiv und nerven damit ständig andere?

Impulsivität bedeutet die sofortige Reaktion auf Gedanken oder Handlungen, ohne zu überlegen, ob die Reaktion angebracht oder angemessen ist. Es ist das für Menschen mit AD(H)S typische Reden und Handeln, ohne nachzudenken. Sie platzen einfach mit ihren Gedanken, ihrer Meinung heraus. Auch dass sie andere in ihren Tätigkeiten unüberlegt unterbrechen oder anderen ins Wort fallen, gehört dazu – ebenso ihre spontanen Entschlüsse. Das führt natürlich zu ständigen Problemen mit anderen Menschen. Die Impulsivität bessert sich häufig unter einer Therapie. Das Grundproblem bleibt aber bestehen. Deshalb ist es sinnvoll, auch die Freunde des Kindes in einfachen Worten darüber zu informieren, dass das AD(H)S-Kind einfach ein wenig anders denkt und reagiert und mit diesen unerwarteten Reaktionen sicher keinen Streit vom Zaun brechen will.

? Meine Tochter fühlt sich häufig von anderen angegriffen, obwohl es gar keinen Grund dazu gibt. Warum?

Kinder mit AD(H)S haben oft Probleme, die Gestik und Mimik sowie die Aussagen ihrer Mitmenschen richtig zu interpretieren. Deshalb fühlen sie sich schnell angegriffen und provoziert. Diese Fehleinschätzung der Handlungen oder Worte anderer ist auch eine Folge ihrer Impulsivität und mangelnden Aufmerksamkeitssteuerung. Denn dadurch werden Details oft nicht oder falsch wahrgenommen und falsche, impulsive Schlussfolgerungen gezogen. Hinzu kommt, dass Kinder mit AD(H)S häufig negative Rückmeldungen aus ihrem Umfeld bekommen und damit im Laufe der Zeit oft bereits in einer Abwehr- oder Verteidigungshaltung sind.

? Die Erzieherin im Hort berichtet, dass unser Sohn häufig aggressiv sei. Hat er womöglich AD(H)S?

Aggression und AD(H)S gehören keineswegs notwendigerweise zusammen. Hat ein Kind mit AD(H)S ein fürsorgliches, verständnisvolles Umfeld mit klaren Richtlinien, innerhalb derer es sich orientieren kann, muss es keineswegs aggressiv sein. Aggression hat sehr viele Ursachen und tritt bei allen Kindern unter bestimmten Umständen auf. Hier gilt es, nach den Ursachen zu forschen. Kann es sein, dass Ihr Sohn überfordert ist? Aggressives Verhalten ist in aller Regel eine Art Ventil. Gibt es Veränderungen in seinem Umfeld? Hat sich in der Familie etwas verändert? Meint er, zu kurz zu kommen? Oder fühlt er sich speziell im Kindergarten nicht wohl und ist deshalb dort aggressiv? Sind ihm dort zu viele Kinder? Oder sucht er durch sein Verhalten Beachtung, weil er Schwierigkeiten hat, sich in eine Gruppe einzufügen? Sind ihm andere Kinder vielleicht in manchen Bereichen überlegen? Aggressives Verhalten tritt auch auf, wenn ein Kind sich verbal nicht adäquat ausdrücken oder seine Wünsche und Bedürfnisse nicht richtig äußern kann und Schwierigkeiten hat, in positiver Weise Kontakte zu anderen aufzunehmen. Überdenken Sie auch das Medienverhalten Ihres Sohnes: Schaut er unkontrolliert auch Sendungen, die nicht altersgemäß

Kapitel 4

sind? Hat er insgesamt zu wenige Möglichkeiten, sich körperlich zu betätigen oder sich auszutoben? Durch Gespräche, das Vorlesen von entsprechenden Büchern, aber auch durch Rollenspiele können Sie gemeinsam mit Ihrem Sohn versuchen, möglichen Ursachen auf den Grund zu kommen und andere, positive Lösungsmöglichkeiten sowie Verhaltensweisen einzuüben. Schenken Sie ihm auch viel Zuwendung bei positivem Verhalten. Vielleicht darf er öfter einen Freund zu sich nach Hause einladen oder Sie unternehmen gemeinsam etwas mit ihm und einem Freund. Aktivitäten in der Natur, Entdeckungen im Wald und Ähnliches sind dabei eine gute Möglichkeit, gemeinsam positive Erfahrungen zu sammeln.

Ein Kind mit AD(H)S kann durch häufige Missverständnisse in der Kommunikation und ständige Ermahnungen wegen seines Verhaltens, das meist ja nicht willentlich „unartig" ist, aggressiv werden. Hat es ständig frustrierende Erlebnisse im Umgang mit Eltern, Lehrern, Gleichaltrigen und seinem übrigen Umfeld, können sich dadurch aggressive Verhaltensweisen entwickeln. Es entsteht ein Teufelskreis: Das Kind verhält sich nicht so, wie erwartet, wird selten gelobt, aber häufig kritisiert und traut sich selbst immer weniger zu. Es kommt zu einem Verlust des Selbstwertgefühls und zu aggressiven Verhaltensweisen, mit denen das Kind versucht, sich durchzusetzen und auf sich aufmerksam zu machen. Aggressivität allein ist also kein diagnostisches Merkmal einer AD(H)S. Deshalb ist es niemals zulässig, allein aufgrund von Aggressivität auf AD(H)S zu schließen.

? Bei unserer Tochter besteht eine ADS. Sie ist manchmal etwas schusselig und trödelt oft, ist aber eigentlich nie aggressiv. Von anderen Kindern wird sie oft gehänselt und auch geärgert und leidet sehr darunter. Gibt es Mobbing schon im Kindergarten?

Unter Mobbing versteht man das Ausgrenzen, Ärgern und Schikanieren von einzelnen Personen – das können Erwachsene, Schüler und auch schon Kindergartenkinder sein. Kinder mit ADS und ADHS sind sowieso oft Außenseiter, da sie teilweise andere Verhaltensweisen zeigen als andere Kinder, manchmal auch motorisch ungeschickter sind, bisweilen unter Tics wie Blinzeln oder Augenzwinkern leiden und oft auch „so schön" ausrasten, wenn man sie ärgert. Deshalb werden sie leicht zu Mobbing-Opfern. Bei den ruhigen ADS-Kindern kommt das noch häufiger vor, weil es ihnen noch schwerer fällt, sozialen Kontakt mit anderen Kindern aufzunehmen. Zudem haben diese Kinder aufgrund von Misserfolgserfahrungen häufig ohnehin schon ein schwaches Selbstbewusstsein und suchen die Schuld bei sich selbst, wenn sie gehänselt oder geärgert werden. Sie fühlen sich darin bestätigt, „dumm und wertlos" zu sein. Als ernste Folge daraus können sich weitere psychische Auffälligkeiten entwickeln. Daher muss das Mobbing umgehend beendet werden. Sprechen Sie zuerst mit Ihrem Kind. Nehmen Sie ihm die Angst – es darf nicht schweigen, auch wenn ihm gedroht wurde. Suchen Sie danach das Gespräch mit der Erzieherin und legen Sie gemeinsam die nächsten Schritte fest.

Die Mobber müssen lernen, sich in das Opfer hineinzuversetzen, und sie müssen lernen, mit Menschen umzugehen, die anders als sie selbst sind. Beim betroffenen Kind muss alles getan werden, um sein Selbstwertgefühl zu steigern. Es muss Strategien erwerben, sich zu wehren und sich Verbündete zu schaffen.

? Unserem Sohn geht es am besten, wenn er draußen ist und irgendetwas „werkelt". Glücklicherweise leben wir auf dem Land, so dass er hierfür nicht nur genügend Platz, sondern auch immer wieder neue Ideen hat. Aber sollte er nicht lernen, sich seinen Tag genau einzuteilen und sich auch drinnen zu beschäftigen?

Es ist ein Glück, wie Ihr Sohn aufwachsen kann, und er scheint ja selbst genau die richtige Form des „Selbstmanagements" gefunden zu haben. Lassen Sie Ihrem Sohn diesen Freiraum und schränken Sie ihn nicht ein. Schön wäre es, wenn er bei seinen Aktivitäten draußen auch mit anderen Kindern in Kontakt käme. Vielleicht können Sie das noch fördern. Denn gerade auch die für Kinder mit AD(H)S so wichtigen sozialen Kontakte sind in der Natur oft einfacher als in der Wohnung.

Erziehung – ein ständiges Drama?

? Immer wieder hört man, wie wichtig die „familiären Faktoren" für die Erziehung eines Kindes mit AD(H)S sind. Sind wir also doch „schuld", dass unser Sohn ständig und überall auffällt?

Auch heute noch werden Eltern eines AD(H)S-Kindes von Außenstehenden allzu leicht abgestempelt, in der Erziehung versagt zu haben. Aber Sie tragen nicht die Schuld an AD(H)S. Diese Störung ist nicht die Folge mangelnder elterlicher Fürsorge oder einer verkorksten Erziehung. Natürlich spielt das Elternhaus eine Rolle dabei, wie sich das Kind mit AD(H)S entwickelt. Doch AD(H)S existiert unabhängig von der Erziehung, sie ist genetisch bedingt. Klare Strukturen, eine liebevolle Annahme und Sicherheit sind für die Bewältigung des Alltags hilfreich und leiten das Kind in die richtige Richtung. Doch sie heilen die Störung nicht. Die AD(H)S-bedingten Verhaltensprobleme verstärken sich allerdings, wenn im Elternhaus Probleme vorherrschen oder das Kind starken Belastungen ausgesetzt ist. Halt und Struktur durch die Familie tragen dazu bei, die Entwicklung des Kindes zu verbessern – trotz seiner AD(H)S.

? Wie kann ich meine Tochter dazu bringen, mir zuzuhören?

Dass ihre Kinder mit AD(H)S einfach nicht zuhören, macht vielen Eltern besonders zu schaffen. Da es für Nicht-Betroffene schwer nachvollziehbar ist, dass das tatsächlich eine Folge mangelnder Aufmerksamkeit ist und willentlich nur wenig beeinflusst werden kann, meint man immer wieder, das Kind „wolle" einfach nicht hören, sei bockig und mache es „absichtlich". Dabei bedeutet AD(H)S ja genau, dass die Aufmerksamkeitsfunktionen gestört sind. Das Kind lässt sich extrem leicht ablenken und kann seine Aufmerksamkeit nicht automatisch auf

> **Loben ist wichtig**
> Kinder mit AD(H)S werden sehr häufig ermahnt und geschimpft, weil sie vieles nicht richtig bzw. nach den Vorstellungen der Erziehungspersonen machen. Umso wichtiger ist es, sie regelmäßig zu loben. Hat also Ihr Kind gut zugehört und eine Aufforderung gut ausgeführt, muss es unbedingt gelobt werden! Das gilt auch für jede andere Situation, die es gemeistert hat.

das Geforderte ausrichten. Es „schwimmt" gleichsam in vielerlei inneren wie äußeren Reizen. Wenn Sie also mit Ihrem Kind sprechen, kann es seine Aufmerksamkeit nicht unbedingt automatisch auf Ihre Worte richten, sondern wird von jeder Kleinigkeit in der Umgebung abgelenkt, aber auch in seinem Inneren ständig von neuen Gedanken überschwemmt. Sie können ihm das Zuhören jedoch durch einige einfache Maßnahmen erleichtern. Überschütten Sie Ihre Tochter mit Worten, schaltet sie sowieso ab. Reden Sie nicht nebenher bei anderen Tätigkeiten mit ihr. Setzen Sie ein deutliches Signal: „Lass uns kurz etwas besprechen." Dann schauen Sie sie an, vielleicht „holen" Sie sich ihre Aufmerksamkeit durch eine kurze Berührung an der Schulter und sagen in kurzen, deutlichen Sätzen, worum es geht. Wenn damit eine Aufforderung an Ihre Tochter verbunden ist, vergewissern Sie sich, dass sie verstanden hat, was sie tun soll. Fragen Sie nach. Lassen Sie sich den Auftrag eventuell kurz wiederholen. Dann können Sie noch fragen: „Wann wirst du das tun?", um sicherzugehen, dass sie die Aufgabe nicht gleich innerlich „ad acta" gelegt hat.

? Wie spreche ich am besten mit meinem Kind, damit bei ihm auch „ankommt", was ich meine?

Stellen Sie zuerst sicher, dass Ihr Kind Ihnen auch zuhört (siehe vorige Frage) und beschränken Sie sich in Ihrer Aussage auf das wirklich Wesentliche. Wenden Sie sich ihm freundlich, aber bestimmt zu, geben Sie klare Anweisungen und unmittelbar positive oder negative Rückmeldungen. Achten Sie vor allem auch darauf, dass Gestik und Mimik mit Ihren Worten übereinstimmen und drücken Sie im Tonfall Entschlossenheit aus. Ihr Kind muss spüren, dass Sie es ernst meinen. Da es sehr sensibel ist, hüten Sie sich vor Ironie oder Aggression in Ihrer Stimme. Damit kann es gar nicht umgehen.

? Meine Tochter ist so verträumt und vergesslich. Manchmal verliert sie sich in einer Tätigkeit und es scheint, als lebe sie in einer anderen Welt. Aber wenn sie etwas will, dann muss es sofort sein, und wenn es nicht nach ihrem Willen geht, überreagiert sie völlig. Wie soll das werden, wenn sie in die Schule kommt?

Das Verhalten Ihrer Tochter ist typisch für ADS. Diese Kinder fallen nicht durch Unruhe und zielloses Tun auf, sondern sind als Kleinkinder oft sehr charmant, wenn auch eigenwillig. Wenn sie sich etwas in den Kopf gesetzt haben, müssen sie dies durchsetzen – einen Aufschub, ein Gegenargument gelten dann nicht. Es sind gleichsam fixe Ideen, um die sich dann alles dreht. Und wenn das Kind von etwas fasziniert ist, kann es völlig in der Sache versinken und die Welt um sich herum vergessen. Dann spielt es etwa „ewig" mit Sand, Steinen oder anderen Dingen. Ebenso ist es in der Lage, sich total zurückzuziehen und zum Beispiel die gleiche Kassette immer wieder zu hören. Wird es in solchen Situationen zur Eile angehalten, reagiert es oft sehr heftig. Im Kindergarten stört es zwar nicht wie ein ADHS-Kind, aber es fällt auf, dass es nichts richtig mitbekommt, oft nicht adäquat reagiert und einfach „irgendwie anders" ist. In der Schule wird diese Veranlagung natürlich zum Problem, denn die Aufmerksamkeit ist nicht da, das Kind vergisst „alles", alles dauert so viel länger und ist mit großer Anstrengung verbunden. Zudem ermüdet es schnell und ist seinen Missstimmungen ausgeliefert, die sich in solchen Situationen natürlich häufen. Es wird immer ermahnt, zur Eile angetrieben, ausgeschimpft, weil es nichts „richtig" macht, „schlampig" ist und scheinbar einfach nicht will. Als Ventil kann das Kind sich im Laufe der Zeit in Formen der Autoaggression flüchten, wie etwa extremes Nägelbeißen oder Haaredrehen. Am wichtigsten ist, dass Sie das Wesen Ihrer Tochter annehmen, sie nicht als bockig oder „dumm" betrachten und ihr Verhalten vor allem nicht persönlich nehmen. Damit sie zu Verhaltensänderungen kommen kann, die mühsam sind und Zeit erfordern, braucht sie den absoluten Rückhalt von Ihnen als Eltern. Durch heftige Reaktionen Ihrerseits erhöht sich nur ihre Anspannung und das verschlimmert das Problem weiter. Versuchen Sie, Ihre Tochter in einem annehmenden Ton wieder einzufangen, wenn sie „wegdriftet". „Texten" Sie sie nicht zu – sie braucht klare, kurze Anweisungen, die sie selbst wiederholen muss. Erst dann kann man davon ausgehen, dass diese „angekommen" sind. Machen Sie ihr nach „Ausrastern" kurz hintereinander immer wieder ruhig deutlich, dass sie mit diesem Verhalten nicht weiterkommt. Bringen Sie ihr eine Form der Selbstkontrolle bei, indem Sie ihr immer wieder nahelegen, erst bis fünf zu zählen, bevor sie „loslegt", wenn sie sich gestört fühlt. Das klappt sicher nicht von heute auf morgen, ist aber die einzige Möglichkeit, auf lange Sicht eine Besserung zu erreichen. In der Schule wird sie eine enge Führung und klare Strukturen und Kontrolle benötigen. Hier wird sie lange auf Ihre Hilfe als Eltern angewiesen sein. Stellen Sie sich darauf ein, dass es auch zu Lernblockaden oder Lernstörungen – nicht selten besteht eine Rechenschwäche – kommen kann und suchen Sie hier früh den Kontakt zum Lehrer und mögliche Hilfe durch Therapeuten oder strukturierten Zusatzunterricht.

? Unser Sohn ist tagsüber schon lange trocken, nässt aber mit seinen vier Jahren nachts immer noch häufig ein. Hat das vielleicht etwas mit seiner vermuteten AD(H)S zu tun?

Viele Eltern berichten, dass ihre AD(H)S-Kinder Probleme mit dem Bettnässen haben, manche auch mit der Darmkontrolle. Das hat damit zu tun, dass Kinder mit AD(H)S sehr tief und fest schlafen, wenn sie mal schlafen, und kaum mehr aufzuwecken sind. Daher spüren sie auch die Signale ihrer vollen Blase nicht. Wissenschaftliche Untersuchungen zeigten, dass bei AD(H)S-Kindern Bettnässen und Störungen der Darmkontrolle dreimal so oft auftreten wie bei Kindern einer Kontrollgruppe. Die Ursache dieser Entwicklungsverzögerung besteht darin, dass es AD(H)S-Kindern schwer fällt, körperliche Vorgänge wie zum Beispiel die Blasen- und Darmkontrolle richtig wahrzunehmen und darauf zu reagieren. Schimpfen und Ermahnungen führen hier nicht weiter, können durch die daraus resultierende Anspannung und Angst das Problem eher noch verschlimmern – mit der Folge, dass das Kind auch tagsüber einnässt. Da es sich um eine Reifungsverzögerung handelt, wird sich das Bettnässen mit der Zeit von alleine geben. Falls eine Therapie erforderlich ist, sollte sie im Hinblick auf die vorliegende AD(H)S genau mit dem Kinderarzt abgestimmt werden.

? Unsere Tochter ist noch nicht einmal zwei und will einfach keinen Mittagsschlaf mehr machen. Dabei ist sie ständig auf Trab. Ist das normal?

Wenn Ihre Tochter sehr aktiv ist, braucht sie in diesem Alter normalerweise zur Mittagszeit noch eine Erholungsphase. Sollte bei ihr aber tatsächlich eine AD(H)S vorliegen, könnte es sein, dass sie mittags nicht mehr schlafen kann. Es ist erwiesen, dass Kinder – und Erwachsene – mit AD(H)S ein anderes

Schlafverhalten haben. Viele betroffene Kinder machen schon früh keinen Mittagsschlaf mehr bzw. schlafen nur beim Autofahren oder im Buggy.

? Wir haben zu Hause wegen Nichtigkeiten immer wieder das gleiche Theater. Ganz gleich, wie oft unser Sohn wegen seines Handelns Misserfolg oder Ärger erlebt, er macht es immer wieder gleich. Müsste er nicht aus seinen Erfahrungen lernen?

Von der Unfähigkeit, aus Fehlern und Erfahrungen zu lernen, berichten viele Eltern, und auch Untersuchungen belegen, dass Kinder mit AD(H)S nur sehr beschränkt aus Fehlern und Erfahrungen oder aus negativen Reaktionen ihrer Umwelt lernen können. Gleichzeitig verfügen sie über eine mangelnde Selbstkritik und einen mangelhaften Bezug zur Realität. Das hat mit der schlechten Gedächtnisbildung und der erschwerten Automatisierung von Vorgängen zu tun. Da AD(H)S-Kinder selten konzentriert bei der Sache sind, bei „langweiligen" Aufgaben sowieso nicht, verinnerlichen sie neben dem Handlungsablauf auch den Ursache-Wirkungs-Zusammenhang nicht, der die Grundlage einer Lernerfahrung ist. Dieses Defizit erschwert jede Lernerfahrung, später auch das schulische Lernen. Aus dem gleichen Grunde lernt das Kind auch aus negativen Erfahrungen mit Fehlschlägen, darauffolgenden Erziehungsmaßnahmen oder gar Strafen „nichts", was die Eltern oft fassungslos macht. „Durch Erfahrungen wird man klug" oder „Übung macht den Meister" – diese Sprichwörter gelten bei AD(H)S letztlich zwar auch, aber dazu ist in aller Regel eine um bis das Zwanzigfache häufigere Wiederholung oder eben „Erfahrung" erforderlich.

? Man will seine Kinder heute doch partnerschaftlich erziehen. Aber das funktioniert bei uns gar nicht. Was können wir tun?

Unter einer partnerschaftlichen oder „demokratischen" Erziehung verstehen viele Eltern eine Gleichberechtigung zwischen Eltern und Kind. Doch dazu müssen junge Menschen erst hingeführt werden. Das kleine Kind und auch das Schulkind brauchen jedoch Orientierung, feststehende Regeln und Grenzen. Das Kind muss Respekt und Achtung entwickeln – grundlegende Voraussetzung für einen partnerschaftlichen Umgang. Und gerade damit haben Kinder mit AD(H)S besondere Schwierigkeiten. Sie brauchen noch viel stärker Führung als andere Kinder. Es dauert oft lange, bis sie selbstständig und eigenverantwortlich handeln können. Wird partnerschaftliche Erziehung so verstanden, dass jeder immer gleich-

> **Eine konstruktive Erziehungshaltung bei Kindern mit AD(H)S** ist streng, aber herzlich, humorvoll und gerecht. Statt reine Partner müssen die Eltern lange Zeit der „Coach" für ihr Kind sein, also gleichsam eine „Überwachungsfunktion" wahrnehmen – auch wenn sich das Kind heftig und empört dagegen wehrt. Die Erziehung zur Selbstständigkeit muss durchaus erfolgen, gelingt aber keineswegs in Eigenverantwortung des Kindes.

berechtigt mitbestimmen darf, wird das bei Kindern mit AD(H)S lange nicht zufriedenstellend funktionieren. Natürlich sollen auch sie als ernst zu nehmende Gesprächspartner mit einer eigenen Meinung betrachtet werden. Doch weil sie so stark von Stimmungen getrieben sind und zielgerichtetes Handeln lange ein Problem bleibt, können sie in vielen Dingen noch zu keinen tragfähigen Meinungen kommen – auch wenn sie selbst davon überzeugt sind und stundenlang über alles diskutieren können.

? Welchen Einfluss hat die Erziehung auf AD(H)S?

Einfach schlecht erzogen – dieses Bild geistert auch heute noch in den Köpfen vieler Mitmenschen herum, wenn sie ein Kind mit AD(H)S erleben. Und die Eltern, meist ohnehin schon aufs Äußerste belastet, fragen sich auch immer wieder, was sie denn falsch gemacht haben. Dann versuchen sie es mal mit mehr Strenge, mal mit Diskussionen, mit Vorhaltungen, Predigten und Moralisieren. Doch nichts beeinflusst anscheinend das unberechenbare, oft störende Verhalten des Kindes nachhaltig. Denn zunächst einmal hat AD(H)S nichts mit der Erziehung zu tun. Allerdings kann das Erziehungsverhalten auf die Entwicklung des Kindes starken Einfluss nehmen. Die Lebensumgebung sowie die Reaktionen und Verhaltensweisen von Bezugspersonen (auch Erzieherinnen und später Lehrerinnen) können entscheidend dafür sein, ob das Kind sich dennoch positiv entwickelt oder ob sich negative Folgen wie Aggressivität, dissoziales Verhalten, Misserfolge oder Leistungsversagen einstellen. Weil es hoch empfindsam ist und von klein auf geringe Erfolgserlebnisse und in aller Regel ein schwaches Selbstbewusstsein hat, reagiert das Kind auf negative Rückmeldungen aus seinem Umfeld besonders sensibel. Eine konsequente, annehmende Erziehung mit viel Struktur, Gelassenheit, Humor und dem Glauben an das Kind lässt sich zwar enorm schwer durchhalten, ermöglicht es ihm aber, sich selbst anzunehmen, seine Wahrnehmungen und Handlungen immer besser zu steuern und sozial akzeptable Verhaltensweisen zu entwickeln. Sie hat also einen sehr positiven, förderlichen Einfluss.

? Wie können wir unseren Sohn am besten unterstützen?

Machen Sie sich zunächst bewusst, dass Ihr Sohn vermutlich nie in allen Lebensbereichen über einen längeren Zeitraum problemlos „funktionieren" wird. Sie werden immer mal wieder überrascht und vielleicht auch fassungslos sein, gerade auch, wenn Sie sich bemühen, ihn nach Kräften zu unterstützen. Am wichtigsten ist, dass Sie immer konkret dort ansetzen, wo es erforderlich ist, genaue Richtlinien für erwünschtes Verhalten geben und dies konsequent einfordern. Ihr Sohn braucht Struktur. Indem Sie ihm diese bieten, helfen Sie ihm am meisten. Vorhaltungen, „Predigten" usw. helfen Ihrem Sohn wenig. Stattdessen braucht er klare Vorgaben. Sie unterstützen ihn auch, indem Sie wo immer möglich sein Selbstvertrauen stärken und ihm Zuversicht vermitteln. Glauben Sie an ihn. Seien Sie außerdem die ganze Schulzeit hindurch der „Anwalt" Ihres Kindes. Setzen Sie sich für Ihren Sohn ein, auch wenn es Ihnen manchmal selbst schwerfällt. Informieren Sie sich umfassend über die AD(H)S, dann können Sie verstehen, welch großen Einfluss die AD(H)S auf sein Leben hat, und ihm helfen, die damit verbundenen Schwierigkeiten zu meistern.

? Worauf kommt es bei der Erziehung eines Kindes mit AD(H)S vor allem an?

Das lässt sich in wenigen Worten sagen, ist aber im Alltag gar nicht so einfach durchzuhalten. Im Wesentlichen kommt es auf Struktur, Konsequenz und Führung an, wobei Sie gleichzeitig eine positive Grundhaltung Ihrem Kind gegenüber haben und es annehmen sollten.

Erziehungsgrundsätze bei Kindern mit AD(H)S

Wenn Sie folgende wesentliche Grundsätze beachten, erleichtern Sie Ihrem Kind und sich selbst das Leben enorm:

• Struktur und Ordnung lassen sich durch einen festen Rahmen in der Tagesgestaltung oder der Planung von Aufgaben erreichen. Gewohnheiten und Rituale geben dem Kind Sicherheit, und man muss nicht immer wieder aufs Neue alles diskutieren.

• Dasselbe gilt für feststehende Regeln, deren Einhaltung konsequent eingefordert werden muss.

• Klare, freundlich formulierte, aber nicht ausschweifende Aufforderungen und Erklärungen sind notwendig.

Dabei kann man nachfragen, ob die Botschaft beim Kind angekommen ist und es genau weiß, was es tun soll.

- Konsequenz und eine gleichbleibende Erziehungshaltung sind unverzichtbar, sonst wird das Kind immer wieder Regeln unterlaufen. Es verliert dabei das Gefühl von Verlässlichkeit und Sicherheit, die es so dringend benötigt, um selbst Strukturen auszubilden.
- Diskutieren, Moralisieren, Predigen haben keinen Erfolg.
- Das Kind darf nicht überfordert werden – nicht zu viele Termine einplanen, keine hohen Erwartungen an Verhalten und Leistungen stellen und es nie mit anderen Kindern (Gleichaltrigen oder Geschwistern) vergleichen.
- Das Kind muss sich angenommen fühlen. Es spürt, wenn die Eltern ihm mit Empathie begegnen. Es merkt selbst, dass ihm vieles nicht so gelingt, wie es das selbst gerne hätte, und möchte auch folgen. Es muss wissen, dass seine Eltern es nicht für „böse" halten.
- Gelassenheit und Humor, überraschende Lösungen und auch mal über manches hinwegzusehen ergeben eine Grundhaltung, die den Alltag vereinfacht und die Freude am Leben erhält. Daneben darf man aber auch experimentieren. Kinder mit AD(H)S sind oft sehr intelligent, sie lieben Neues und Überraschendes. Durch unerwartete Reaktionen, auch mit Humor, kann man manch heikle Situation entschärfen.

Die Auszeit-Methode

ist das aus dem Amerikanischen übernommene „time-out". Wenn das Kind einfach nicht hört und nicht mehr für Argumente „erreichbar" ist, bekommt es eine kurze Auszeit. Bei AD(H)S-Kindern ist es dabei am besten, sie in ein anderes Zimmer zu schicken. Dadurch wird das Kind aus dem Geschehen herausgenommen, ist nicht mehr mit zu vielen Anforderungen und Reizen überfordert und kann zur Ruhe kommen. Gleichzeitig erhält es auch keine weitere Aufmerksamkeit. Dabei kann es lernen, auch mit negativen Gefühlen wie Ärger und Wut selbst umzugehen. Natürlich wird es anfangs toben und schimpfen. Doch lassen Sie sich davon nicht beeindrucken. Nach der Auszeit geht man zur Normalität über, das Kind wird wieder angenommen. Es wird ihm eine Beschäftigung angeboten, bei der man es auch wieder loben kann. Auch Sie als Eltern können in angespannten Situationen, die es mit AD(H)S-Kindern ja oft genug gibt, eine Auszeit nehmen.

? Mein Mann meint, wir sollten unseren Sohn einfach konsequent strafen, wenn er bockt und aufsässig ist. Ich habe aber das Gefühl, dass er dadurch nur noch verstockter wird. Stimmt das?

Strafen fördern bei AD(H)S-Kindern kaum die Einsicht. Sie erhöhen tatsächlich nur die Bockigkeit. Das Kind hat ja in aller Regel nicht mutwillig „falsch" reagiert oder war absichtlich „böse". Meist weiß es gar nicht, was es schon wieder verkehrt gemacht hat. Versuchen Sie immer, erwünschtes Verhalten durch positive Verstärkung zu erreichen, und nicht durch Strafen.

Das Kind braucht dringend Erfolgserlebnisse, Negatives erlebt und hört es oft genug. Belohnungssysteme bewähren sich in vielen Fällen. Ist eine Strafe unumgänglich, muss sie unbedingt in zeitlichem und logischem Zusammenhang mit dem Fehlverhalten stehen. Dem Kind muss zudem – nicht in der akuten Problemsituation, aber doch zeitnah – verständlich gemacht werden, warum sein Verhalten nicht tolerierbar war.

? Immer wieder hört man, man solle Wochenpläne und Belohnungssysteme mit betroffenen Kindern einführen. Was bedeutet das und hilft es weiter?

Belohnen und Ermutigen sind wesentliche Erziehungsmaßnahmen bei AD(H)S und führen viel weiter als Schimpfen und Strafen. Auf diese Weise bewirkt man langfristig Verhaltensveränderungen. Da Kinder mit AD(H)S weitgehend im Hier und Jetzt leben und von ihrer momentanen Stimmung abhängig sind, müssen Belohnungen genau wie Konsequenzen unmittelbar auf das Verhalten des Kindes erfolgen, sonst werden sie nicht mit der positiven Verhaltensweise verknüpft. Belohnung und Anreize können so dazu genutzt werden, negatives Verhalten immer häufiger durch positives zu ersetzen. Dazu können Sie ein Belohnungssystem, etwa mit Punkten, einführen, mit dem sich Ihr Kind im Laufe eines festgesetzten Zeitraums, zum Beispiel einer Woche, bestimmte Vergünstigungen erarbeiten kann. Überlegen Sie dazu genau, welches Verhalten Sie bewirken möchten. Verhält sich das Kind wie gewünscht, erhält es Punkte. Hat es eine bestimmte Punktzahl erreicht, bekommt es eine vorher abgesprochene Belohnung. Für das Kind muss aber klar sein, dass die Belohnung eine besondere Leistung honoriert und es sich dafür anstrengen muss. Die Belohnung soll die Motivation fördern, etwas Neues zu tun, das Anstrengung kostet. Tagtäglich bei bestimmten Haushaltspflichten zu helfen sollte dagegen von Anfang an selbstverständlich sein. Sonst besteht die Gefahr, dass das Kind alles nur noch für eine Gegenleistung tut – was natürlich einem wichtigen Erziehungsziel entgegensteht, nämlich dem Teamgeist und der gemeinsamen Verantwortung für das Familienleben und die Alltagspflichten.

? Unserem Sohn kann man nie etwas recht machen. Urplötzlich kippt seine Stimmung. Entweder ist er total gut drauf, richtig überdreht oder er rastet aus und ist gar nicht mehr erreichbar. Eine „normale" Stimmungslage scheint es gar nicht zu geben. Woher kommt das?

Diese extreme Stimmungslabilität ist ein Kennzeichen von AD(H)S, das auch bei vielen Erwachsenen noch sehr ausgeprägt ist. So wie die vielen Reize von außen einströmen, wird das Kind auch mit tausenderlei Gefühlen von innen überschwemmt, die es ungefiltert erlebt. Hinzu kommt die besondere Sensibilität, die es schon auf Kleinigkeiten reagieren lässt. Dies steht in Zusammenhang mit der Affektlabilität und der unangemessenen Frustrationsintoleranz im sozialen Bereich.

Sensibilität, Empfindlichkeit und Stimmungslabilität

Für das alltägliche Lebensgefühl von Kindern und Erwachsenen mit AD(H)S spielt ihre extreme Sensibilität eine zentrale Rolle. Diese hängt mit der Impulsivität zusammen. Sie reagieren höchst empfindlich auf äußere Einflüsse, sind höchst kritikempfindlich und haben dabei die Eigenheit, immer alles auf sich selbst zu beziehen. Deshalb kann schon wegen einer Kleinigkeit die Stimmung abrupt umschlagen. Gleichzeitig steigen aus ihrem Inneren intensive Gefühle unkontrolliert und rasch wechselnd auf. Damit ist das Kind extrem seinen Gefühlen ausgeliefert. Die hohe Sensitivität bringt auch eine besondere Verletzlichkeit mit sich, die oft auch noch bei Erwachsenen mit AD(H)S stark ausgeprägt ist. Eine weitere Folge ist eine rasche Überreaktion, da vieles gleich extrem wahrgenommen wird. Besondere Probleme bereiten Situationen, in denen das Kind unter Druck steht, oder auch überraschende Situationen, die sogar an sich positiv sein können. Das Kind mit AD(H)S hat Schwierigkeiten mit raschen Wechseln und Unerwartetem, das von außen auf es zukommt. Es muss sich allmählich auf etwas einstellen können, sonst rastet es schnell aus. Je mehr Druck das Kind erfährt, umso mehr widersetzt es sich. Als Familie ist es am besten, bei der Tagesplanung genügend Spielraum einzuplanen.

Entwicklung, Spielen, Lernen, Schule

? Stimmt es, dass bei Kindern mit AD(H)S häufiger
Teilleistungsstörungen auftreten?

Kinder mit AD(H)S weisen häufig auch noch andere Störungen
auf (siehe Frage auf Seite 22), darunter sogenannte Teilleistungsstörungen, die auch als umschriebene Entwicklungsstörungen
bezeichnet werden. Dazu gehören die Lese-Rechtschreibstörung
(Legasthenie) und die Rechenstörung (Dyskalkulie). Die genauen
Ursachen hierfür sind unbekannt. Man vermutet aber, dass sie
ebenfalls Folge der abweichenden Hirnentwicklung sind. Zudem
erschwert die Aufmerksamkeitsproblematik, dass sich grundlegende Lernleistungen automatisieren. So kann die AD(H)S das Risiko
für die Entwicklung weiterer Störungen erhöhen. Für die Entwicklung des Kindes ist es natürlich von größter Bedeutung, diese Störungen möglichst früh zu diagnostizieren.

? Wirkt sich AD(H)S
auf die Intelligenz aus?

Es besteht kein Zusammenhang zwischen AD(H)S und Intelligenz.
Es gibt sowohl schwach- als auch hochbegabte Kinder mit AD(H)S
(siehe Frage auf Seite 112). Doch betroffene Kinder können ihr
Potenzial häufig nicht ausschöpfen und bleiben in ihren Leistungen unter ihren Möglichkeiten. Das hängt mit der besonderen
Lernproblematik (siehe Frage auf Seite 108) zusammen. Allerdings
leiden Kinder mit AD(H)S häufig zusätzlich unter Schwächen bei
bestimmten schulischen Leistungen, etwa beim Lesen und Schreiben (siehe Frage auf Seite 22).

? Beeinträchtigt AD(H)S
die Sprachentwicklung?

Bei überdurchschnittlich vielen von AD(H)S betroffenen Kindern zeigt sich eine abweichende Sprachentwicklung – manchmal ein auffallend früher Spracherwerb, manchmal eine verzögerte Sprachentwicklung. Es gibt bisweilen auch andere Auffälligkeiten, angefangen von einer fehlerhaften Lautbildung oder Grammatik, dem Vertauschen von Silben über Stottern und Poltern bis zu Schwierigkeiten bei der Wortfindung oder der Wiedergabe überhaupt verständlicher Sprache. Auffallend ist auch, dass oft kein Gefühl für Reimbildung besteht und Verse schlecht auswendig behalten werden. Es handelt sich dabei ebenso um Entwicklungsrückstände wie bei der unausgereiften Feinmotorik oder den begleitenden Wahrnehmungsstörungen. Bei Auffälligkeiten in der Sprachentwicklung sollte daher möglichst bald der Kinderarzt aufgesucht werden. Möglicherweise ist eine frühe logopädische Behandlung sinnvoll.

? Unsere Tochter verweigert jede Bastelarbeit, wobei wir doch wissen, wie wichtig das für die Schulung der Feinmotorik ist. Hat das etwas mit ihrer AD(H)S zu tun?

Die Motorik ist bei vielen Kindern mit AD(H)S auffällig. In der Grobmotorik wirken viele linkisch, ungeschickt bzw. mit unharmonischen Körperabläufen. Für die Feinmotorik gilt das ebenso, meist auch für Kinder, die grobmotorisch sehr wendig oder sportlich

So fördern Sie die Sprachentwicklung
Ihres Kindes

Bei Kindern mit AD(H)S ist es ganz wichtig, auf eine adäquate Sprachentwicklung zu achten, sie zum Zuhören und bewussten, überlegten Sprechen zu erziehen. Daher sollten Sie hierauf von Anfang an viel Mühe verwenden, auch wenn es häufig schwierig ist und sehr viel Zeit und Anstrengung erfordert.

- Sprechen Sie vom Babyalter an deutlich und klar mit Ihrem Kind.
- Beschreiben Sie Dinge und später auch Überlegungen in klaren, kurzen Sätzen.
- Verwickeln Sie Ihr Kind in Gespräche und bestehen Sie darauf, dass es überlegt Antworten gibt.
- Stellen Sie ihm immer wieder Fragen, lassen Sie es beschreiben und erzählen.
- Halten Sie beim Sprechen Blickkontakt und lächeln Sie Ihr Kind dabei an.
- Machen Sie es zum Ritual, wenigstens für kurze Zeit gemeinsam ein Buch anzuschauen und es später vorzulesen.
- Achten Sie auf eine klare Lautbildung und Aussprache.
- Machen Sie mit Ihrem Kind Fingerspiele.
- Wenn Sie irgendwelche Bedenken hinsichtlich der Sprachentwicklung Ihres Kindes haben, sprechen Sie darüber mit dem Kinderarzt und eventuell auch mit der Erzieherin.

Kapitel 6

sind. Beim Basteln und schon beim Ausschneiden oder anderen Feinarbeiten fehlt nicht nur die Feinabstimmung, sondern die ganze Vorgehensweise wirkt ungeschickt, hektisch, unüberlegt und oft zu heftig. Das hat etwas damit zu tun, die eigene Kraft nicht richtig dosieren zu können. Außerdem fehlt die Geduld. Das Kind hat schnell „keinen Nerv" mehr zu solchen Aufgaben. Später sind das mühevolle Schreiben und die schlechte Schrift typische Folgen dieses Problems. Versuchen Sie, bei Ihrer Tochter immer wieder durch kleine spielerische Bastelarbeiten die Feinmotorik zu trainieren. Auch Aufgaben im Haushalt oder im Garten können hier hilfreich sein.

? Was versteht man unter einer Hörverarbeitungsstörung?

Die Hörverarbeitungsstörung gehört zu den auditiven Wahrnehmungsstörungen, bei denen trotz einem intakten Gehör Störungen in einer oder mehreren Teilleistungen des auditiven Systems auftreten. Betroffene Kinder haben Schwierigkeiten, akustische Reize zu erkennen, zu unterscheiden und sie in Verbindung mit früheren Erfahrungen zu interpretieren. Bei den Verarbeitungsstörungen, unter denen viele Kinder mit AD(H)S leiden, die aber auch getrennt auftreten können, hat das Kind Probleme, die Informationen der Sinnesorgane im Gehirn zu verarbeiten bzw. zu koordinieren. Verdacht auf eine Störung der Hörwahrnehmung und der Hörverarbeitung besteht dann, wenn das Kind – gegebenenfalls trotz

Die Störung des Hörgedächtnisses

Eine anhaltende Hörwahrnehmungs- bzw. -verarbeitungsstörung kann zusätzlich zu einer Störung des Hörgedächtnisses führen, ein bei Kindern mit AD(H)S ebenfalls gehäuft auftretendes Problem. Was man nicht richtig hört bzw. interpretiert, kann man sich auch nicht merken. Hier liegt eine zusätzliche Ursache für die „Vergesslichkeit", für das „Nicht-Folgen-Wollen" und für die später oft schlechten schulischen Leistungen.

Medikamenteneinnahme – anhaltend nicht zu hören scheint, Gehörtes falsch versteht und Sprachstörungen aufweist. In diesem Fall sollte man einen Facharzt (Phoniater) aufsuchen, der eine fundierte Diagnose stellen kann. Eine speziell ausgerichtete Therapie (etwa im Rahmen einer Ergotherapie) kann die Wahrnehmung und Verarbeitung von Sinnesreizen verbessern.

? „Richtig spielen" kann unser Sohn praktisch überhaupt nicht. Ich kann mich nicht erinnern, dass er mal eine halbe Stunde mit seinen Spielzeug-Figuren oder seinem Bauernhof gespielt hätte. Dafür kann er Stunden am Spülbecken stehen und Wasser von einem Behälter in einen anderen schütten. Wie können wir ihm das Spielen schmackhaft machen?

Viele Eltern berichten, dass ihre später mit AD(H)S diagnostizierten Kinder im Kleinkindalter auch dadurch auffielen, dass sie einfach nicht mit Bauklötzen, Stecksteinen oder Spielzeug-Figuren spielen wollten. An Puzzeln war überhaupt nicht zu denken. Selbst wenn ein Spielzeug Interesse geweckt hatte, hielt dieses Interesse nicht lange an. Statt konstruktiv, „sinnvoll" zu spielen wurde alles zerlegt. Ein Grund dafür liegt darin, dass betroffene Kinder wegen ihrer Rastlosigkeit und Impulsivität aus sich heraus meist kein sinnvolles, konstruktives Spielen entwickeln. Ihre Spiele sind in der Regel chaotisch oder destruktiv und sprunghaft. Bei ausgeprägter Hyperaktivität können sich die Kinder meist gar nicht sinnvoll alleine beschäftigen. Dabei besteht dasselbe Problem wie bei anderen Aktivitäten und später bei schulischen Aufgaben: Wenn etwas für das Kind nicht extrem faszinierend ist, kann es seine Aufmerksam-

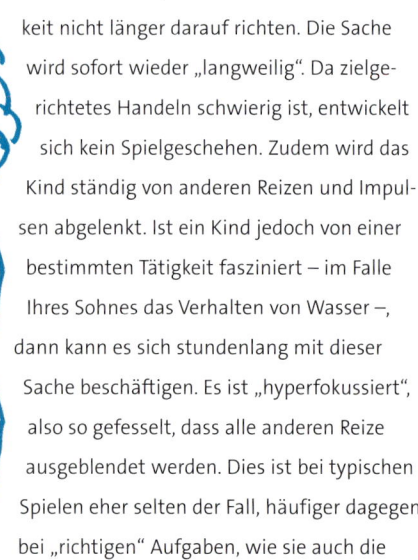

keit nicht länger darauf richten. Die Sache wird sofort wieder „langweilig". Da zielgerichtetes Handeln schwierig ist, entwickelt sich kein Spielgeschehen. Zudem wird das Kind ständig von anderen Reizen und Impulsen abgelenkt. Ist ein Kind jedoch von einer bestimmten Tätigkeit fasziniert – im Falle Ihres Sohnes das Verhalten von Wasser –, dann kann es sich stundenlang mit dieser Sache beschäftigen. Es ist „hyperfokussiert", also so gefesselt, dass alle anderen Reize ausgeblendet werden. Dies ist bei typischen Spielen eher selten der Fall, häufiger dagegen bei „richtigen" Aufgaben, wie sie auch die

Erwachsenen ausüben. Dann beteiligen sich viele Kinder mit AD(H)S gerne an den Hausarbeiten, sind mit Feuereifer beim Putzen, in der Küche oder beim Wäschesortieren dabei – allerdings selbstbestimmt und nicht nach Anweisung. Das Spielen wird für Ihren Sohn vermutlich immer zweitrangig bleiben. Versuchen Sie, ihn in sinnvolle Tätigkeiten einzubinden. Draußen, vor allem in der freien Natur, können sich Kinder mit AD(H)S viel besser beschäftigen. Dabei entdecken und erforschen sie ihre Umwelt spielerisch. Bei vielen Kindern verbessert sich das Spielverhalten, wenn sie medikamentös behandelt werden. Im Einzelfall kann auch eine Spieltherapie in Erwägung gezogen werden.

? Unser Sohn ist normalerweise ständig in Bewegung, kann nie still sitzen – nur vor dem Fernsehapparat sitzt er stundenlang völlig gebannt. Eigentlich sind wir ganz froh, dadurch gelegentlich ein wenig Ruhe zu haben, aber andererseits heißt es doch, dass Kinder wenig fernsehen sollten, oder?

Das Fernsehen bietet genau das, was ein Kind mit AD(H)S sucht: schnell wechselnde Reize, die keine andauernde Konzentration erfordern. Auf das Kind wirken einfach die Bilder, komplexe Handlungsfolgen bekommt es oft gar nicht mit. Der oft geäußerte Vorwurf, Fernsehen verursache AD(H)S, stimmt für das Störungsbild selbst natürlich nicht. Dennoch kann das Fernsehen die darauffolgende Unruhe vergrößern, sowohl bei einem von AD(H)S-betroffenen als auch bei einem nicht betroffenen Kind. Die viele „Action" will verarbeitet werden, das lange Stillsitzen fordert seinen Ausgleich. Zudem kann man wohl schon davon ausgehen, dass viel

Kapitel 6

fernsehen die Aufmerksamkeitsproblematik der AD(H)S verstärkt, da es die Aufmerksamkeit eben nicht trainiert, sondern die nicht konstruktive Überflutung mit Reizen befriedigt. Die Aufmerksamkeitsspanne verkürzt sich weiter, weil das Kind „Action" gewohnt ist, die die Realität nicht bieten kann. Zudem hält das Fernsehen das Kind von anderen förderlichen Tätigkeiten ab, nicht zuletzt von dem Kontakt mit anderen Kindern, die es aber dringend schulen sollte. Hinzu kommt, dass Menschen mit AD(H)S mit zunehmendem Alter immer stärker zu Suchtverhalten neigen – eine Fernseh- oder Computersucht kann sich schon früh ausbilden. Beschränken Sie daher möglichst den Fernsehkonsum Ihres Sohnes, am besten auf eine Stunde pro Tag. Wären Unternehmungen in der Natur nicht eine realisierbare Alternative?

? **Welche Sportarten sind für unser Kind geeignet?**

Kinder mit AD(H)S sind in Bewegung, und daher scheint Sport ein nahe liegendes Hilfsmittel zu sein. Manche Kinder mit AD(H)S sind motorisch sehr geschickt, können früh laufen, Fahrrad fahren usw. Andere jedoch sind eher linkisch. Problematisch beim Sport ist, dass infolge des impulsiven Verhaltens oft gegen Regeln verstoßen oder diese gar nicht anerkannt werden. Im Mannschaftssport können sich sogar Aggressionen entwickeln. Wenn daher ein Sport schon vom Vorschulalter an regelmäßig betrieben werden soll, sind verschiedene Punkte zu beachten. In größeren Städten gibt es inzwischen Sportangebote speziell für Kinder mit AD(H)S, bei denen sowohl die Schwächen (Motorik, soziale Defizite, Psyche) als auch die Stärken geschult werden. Qualifizierte Übungsleiter, die über AD(H)S Bescheid wissen, können jedoch auch in jedem Verein entsprechende Hilfestellung geben. Es kommt dabei darauf an, sozusagen überschüssige Energien zu bündeln und kontrolliert umzusetzen und daneben die sozialen Fähigkeiten zu stärken, wie Teamgeist und Einfühlungsvermögen. Als geradezu therapeutisch wirksam wird oftmals Judo empfohlen, da dieser Sport sowohl die Grob- als auch die Feinmotorik, die Körperkoordination und die Kraftdosierung schult. Sofern dieses Angebot zur Verfügung steht und Ihr Kind kein Problem mit direktem Körperkontakt hat, ist Judo sicher einen Versuch wert. Je nach Begabung sind auch Geräteturnen, Tischtennis, Tennis und andere Zweiersportarten geeignet. Jogging, Schwimmen oder Radfahren helfen größeren Kindern (und Erwachsenen) mit ADHS, ihren Neurotransmitter-Haushalt im Gehirn zu stabilisieren. Bei Mannschaftssportarten, wie Fußball, kommt es neben der Begabung vor allem darauf an, wie gut das Kind in die Mannschaft integriert werden kann. Auf keinen Fall darf es der Sündenbock für Niederlagen werden.

Kapitel 6

? Wirkt sich AD(H)S auf
das Lernen aus?

Ja, in aller Regel kommt es zu Lern- und Leistungsproblemen. Ursache hierfür ist dieselbe Symptomatik, die auch die Verhaltensprobleme bedingt:

• Durch die Impulssteuerungsschwäche und die gleichzeitige Reizfilterschwäche ist das Kind nicht in der Lage, still zu sitzen und zuzuhören. Es ist ständig mit anderem beschäftigt, ist abgelenkt, stört, redet dazwischen und steht vielleicht sogar immer wieder von seinem Platz auf.

• Die mangelnde Selbststeuerung beziehungsweise Innensteuerung führt dazu, dass sich das Kind nicht selbst antreiben, nicht motivieren kann. Es ist nicht in der Lage, sich willentlich mit einer Sache zu beschäftigen, die es nicht „brennend" interessiert. Es kann sich nur schwer auf eine von außen vorgegebene Sache einlassen.

• Infolge der Konzentrationsschwäche ist es nicht in der Lage, sich dauerhaft auf eine Sache zu konzentrieren. Mit anderen Worten: Der überwiegende Teil des Schulstoffes wird erst gar nicht aufgenommen, sondern zieht am Kind vorüber.

• Infolge der Behaltensschwäche gelangt der Stoff, der im Kurzzeitspeicher noch aufgenommen worden ist, nicht ins Langzeitgedächtnis, sondern wird in kurzer Zeit wieder vergessen.

? Mit welchen Problemen ist in der Schule zu rechnen?

Neben den Verhaltensproblemen, wie Stören durch Aufstehen, Herumlaufen, Dazwischenreden und Streit mit Mitschülern, gibt es fast immer auch Leistungsprobleme. Das ist besonders belastend, wissen die Eltern doch, wie wichtig gerade in heutigen Zeiten ein möglichst hoher und guter Schulabschluss ist. Aber durch die Unaufmerksamkeit fehlt in aller Regel auch die Beteiligung am Unterricht, Hausaufgaben und Materialien werden vergessen.

Lernschwierigkeiten bestehen meist in allen Fächern, da das Kernproblem „mangelnde Aufmerksamkeit" die Informationsaufnahme und deren Verarbeitung stoffunabhängig beeinträchtigt – außer bei hohem Interesse von Seiten des Kindes. Zusätzlich treten überproportional häufig Teilleistungsschwächen auf. Die Eltern müssen von Schulbeginn an ihr Kind in schulischen Belangen eng begleiten, sich umfassend über die spezielle Lernsituation informieren und Kontakt zu den Lehrern halten. Die Gefahr ist groß, dass es trotz vorhandener Intelligenz zu schlechten Leistungen in mehreren Schulfächern kommt. Das Kind braucht zudem meist über Jahre hinweg neben Verständnis auch Führung und Motivation durch die Eltern. Neben der Sorge um den schulischen Erfolg des Kindes belastet vor allem die Hausaufgabensituation den familiären Alltag.

Hier ist es wichtig, dass Sie von den ersten Schultagen an auf konsequentes, strukturiertes Arbeiten in ruhiger Atmosphäre und am besten zur gleichen Zeit achten. Ihre liebevolle Strenge wird für den schulischen Erfolg notwendig sein.

Kapitel 6

Lernen bei AD(H)S

Sobald Ihr Kind in die Schule kommt, sollten Sie einen klaren Rahmen für die Hausaufgaben schaffen. Richten Sie sich nach einem Zeitplan. In dieser Zeit wird ohne Diskussion gelernt. Nach Möglichkeit ist dabei eine erwachsene Person präsent, damit das Kind nicht trödelt oder sich in anderem verliert. Sie sollte aber keinesfalls alles „vorkauen".

• Achten Sie von Anfang an auf häufige, regelmäßige Wiederholungen in allen Stoffgebieten. Nur so setzt sich der Lernstoff. Lassen Sie sich die Lerninhalte vom Kind erzählen.

• Lassen Sie keine Emotionalität zu. Bleiben Sie sachlich, auch wenn das Kind sich widersetzt oder streiten will. Lassen Sie sich auf keine Diskussionen, keinen Kampf ein – das führt nicht weiter.

• Wenn sich die Schulproblematik zuspitzt, beauftragen Sie neutrale Personen mit der Begleitung der Hausaufgaben.

• Stellen Sie sicher, dass Ihr Kind in allen Fächern kontinuierlich und konsequent auf dem Laufenden bleibt. Belohnungssysteme können hier als Anreiz dienen.

• Vorhaltungen oder Predigten wie „Was soll aus dir werden?" nutzen nichts. Fordern Sie stattdessen ohne Diskussion ein, dass Hausaufgaben erledigt werden und regelmäßige Wiederholungen stattfinden, und belohnen Sie das.

Kinder mit AD(H)S sollten eine Regelschule besuchen. Nur in Ausnahmefällen, wenn die Symptome sehr ausgeprägt sind oder zusätzlich gravierende Beeinträchtigungen bestehen, ist eine andere Schulform angebracht. In aller Regel sollte das Kind in die für seinen Wohnbereich zuständige Grundschule gehen, damit es im sozialen Umfeld eingebettet ist. Ob man die Lehrer vorab über die AD(H)S des Kindes informieren soll oder nicht, wird unterschiedlich beurteilt. Sind die Lehrer selbst schon sehr informiert und offen, kann es von Vorteil sein, weil sie das Kind dann annehmen und unterstützen. Besteht allerdings eher Skepsis gegenüber AD(H)S, was durchaus noch der Fall sein kann, machen sich die Lehrer eventuell kein unvoreingenommenes Bild vom Kind, sondern stecken es schnell in eine „Schublade". Dann kann es zu einer „sich selbst erfüllenden Prophezeiung" kommen: Die negativen Erwartungen der Lehrer führen dazu, dass das Kind sein Verhalten diesen Erwartungen anpasst. Erwartet man hingegen, dass sich ein Kind positiv entwickelt, vergrößert sich die Wahrscheinlichkeit, dass dies tatsächlich eintrifft. Zwar sind kleine Klassen und speziell in Lern- und Konzentrationsstörungen geschulte Lehrer wünschenswert, aber natürlich nicht immer möglich. Auf jeden Fall sollten die Lehrer, speziell die Klas-

Kapitel 6

senlehrer, bereit sein, mit Eltern und eventuell Therapeuten zusammenzuarbeiten, um das Kind bestmöglich zu fördern. Informieren Sie sich bei Selbsthilfegruppen in Ihrer Gegend, welche Erfahrungen andere Eltern mit den örtlichen Schulen gemacht haben.

? Stimmt es, dass Kinder mit AD(H)S auch hochbegabt sein können?

AD(H)S und Intelligenz und damit auch Hochbegabung treten unabhängig voneinander auf. Es gibt aber natürlich auch eine „Schnittmenge" von Kindern, die sowohl hochbegabt sind als auch an AD(H)S leiden. Je nach Ausprägung

kann die Hochbegabung die AD(H)S manchmal über längere Zeit kompensieren; andererseits ist es auch möglich, dass die AD(H)S so sehr im Vordergrund steht, dass sie die Hochbegabung nahezu vollständig überdeckt. Hochbegabte Kinder und Kinder mit AD(H)S weisen womöglich in ihrem Verhalten ähnliche Symptome auf, wie etwa Unruhe, scheinbare Unkonzentriertheit oder Aggressivität, so dass die Hochbegabung verkannt wird. Liegt eine Hochbegabung in Kombination mit AD(H)S vor, so ist dadurch nicht zwangsläufig die Problematik für das Kind – und die Eltern – geringer, oft ganz im Gegenteil. Eine frühzeitige Diagnosestellung kann vielen Problemen, Frustrationen und Leid vorbeugen.

? Ist eine Waldorf- oder Montessori-Schule für ein Kind mit AD(H)S besser geeignet als eine Regelschule?

Das lässt sich nicht generell mit Ja oder Nein beantworten. Wie an der Regelschule kommt es zuallererst auf die Lehrerpersönlichkeiten an und die Frage, ob sie das Kind annehmen und welche Beziehung sie zu ihm eingehen. Zudem werden die zugrundeliegenden pädagogischen Konzepte von jeder Montessori- und Waldorfschule auch etwas anders umgesetzt. In einer Montessori-Schule wird altersgemischt unterrichtet. In der sogenannten Freiarbeit, die etwa die Hälfte des Vormittags einnimmt, bestimmt jeder Schüler selbst, wie und was er lernen möchte. Dazu stehen vielfältige Materialien zur Verfügung. Im Vordergrund der Waldorfpädagogik stehen die Erziehung zur selbstbewussten und frei handelnden Persönlichkeit und die Entfaltung der individuellen Begabungen und der kreativen Kräfte.

Grundsätzlich sind kleine Klassen von Vorteil, was gerade in Waldorfschulen nicht immer der Fall ist; außerdem klare Strukturen, was beim Montessori-Konzept nicht immer der Fall ist. Schauen Sie sich am besten die in Frage kommende Schule genau an, nehmen Sie vorab an Schulfesten teil und suchen Sie das Gespräch mit den Lehrern. Informieren Sie sich auch bei Eltern, deren Kinder die Schule bereits besuchen.

Ausblick

So gelingt ein konstruktives Familienleben

Dauerhaft harmonisch wird es in einer Familie, in der ein oder mehrere Kinder – und eventuell auch ein Elternteil – an ADHS leiden, kaum zugehen. Dazu ist die Impulsivität, aber auch die Sensibilität der Betroffenen zu hoch. Trotzdem können Sie durch Verständnis, eine klare Erziehungshaltung und Strukturen, aber auch mit Humor und einer Portion Gelassenheit ein Zusammenleben gestalten, in dem jeder zu seinem Recht kommt, sich ein Wir-Gefühl ausbildet und das Kind Halt, Geborgenheit und Annahme findet. Auf dieser Basis kann es sich entfalten und sein Potenzial ausschöpfen. Besonders wichtig sind dabei folgende Grundsätze:

• Gegenseitiger Respekt, der die Grenzen des anderen achtet, muss eingefordert werden.

• Nehmen Sie nichts persönlich, was Ihr Kind im Affekt sagt, und lassen Sie sich nicht provozieren.

• Thematisieren Sie Probleme und Unzufriedenheiten und bleiben Sie immer mit Ihrem Partner im Gespräch.

• Lassen Sie es nicht zu, dass Ihr Kind die Eltern gegeneinander ausspielt.

• Machen Sie aus der AD(H)S kein Geheimnis, aber auch kein Drama, und lassen Sie die Störung auch nicht als Ausrede durchgehen.

• Planen Sie den Alltag und schaffen Sie klare Strukturen. Bleiben Sie dabei aber auch immer flexibel.

- Stehen Sie zu Ihrem Kind, zu Ihrer Familie, zur AD(H)S – auch wenn es manchmal schwer ist.
- Denken Sie daran, dass Ihr Kind auch besondere Stärken und Charme hat und Ihre Familie etwas ganz Besonderes ist!

Die wichtigsten Tipps zur Einschulung und der frühen Schulzeit

Jedes Kind freut sich auf die Schule. Das gilt für Kinder mit AD(H)S in aller Regel auch. Doch bei den meisten Kindern stellt sich irgendwann auch ein bisschen Ernüchterung ein – bei Kindern mit AD(H)S leider oft schon bald und intensiv. Stärken Sie Ihr Kind in vielerlei Bereichen, damit es für den Schulbesuch gut gerüstet ist:

- Stimmen Sie es positiv auf die Schule ein.
- Fördern Sie sein Sprachvermögen und seinen Wortschatz und ermutigen Sie es, Wünsche und Fragen immer klar zu äußern. Achten Sie auch darauf, ob es verbalen Anforderungen nachkommen kann.
- Schulen Sie im Alltag auch die Bereitschaft Ihres Kindes, sich anzustrengen und nicht gleich aufzugeben.
- Setzen Sie Ihrem Kind im Alltag klare Grenzen und erwarten Sie konsequent, dass es sich an bestehende Regeln hält.
- Richten Sie zu Hause einen ansprechenden, ruhigen Arbeitsplatz ein.
- Achten Sie vom ersten Schultag an darauf, dass Ihr Kind seine Aufgaben zuverlässig erledigt. Sie werden ihm dabei zunächst zur Seite stehen und es an strukturiertes Arbeiten heranführen müssen.
- Lassen Sie sich auf keine Diskussionen hinsichtlich der Schule und der Hausaufgaben ein. Besser ist es, mit Belohnungssystemen zu arbeiten.

- Achten Sie unbedingt auf häufige Wiederholungen, damit die Grundlagen des Lesens und Schreibens automatisiert werden. Das dauert bei Kindern mit AD(H)S bis zu 18-mal länger als bei anderen Kindern.
- Erhalten Sie Ihrem Kind die Freude an der Schule und am Lernen – auch durch außerschulische Aktivitäten und die Herstellung von Bezügen des Schulstoffs zum „richtigen" Leben.
- Stellen Sie keine zu hohen Erwartungen an Ihr Kind – in keinem Bereich, später auch auf keinen Fall in der Schule.

Verschiedene Therapien im Überblick

Diäten
Phosphat-Diät, Feingold-Diät, olioantigene Diät, Eliminationsdiät – es gibt verschiedene Diäten und immer wieder Behauptungen, die davon ausgehen, dass eine bestimmte Ernährungsform die AD(H)S zum Abklingen brächte. Aller Erfahrung nach trifft das für den überwiegenden Teil der betroffenen Kinder und Erwachsenen nicht zu.

Elterntraining
Dabei erlernen die Eltern Strategien für den konstruktiven Umgang mit ihrem Kind im Alltag. Dazu gehören die Einführung fester Regeln und Strukturen, Konsequenz, aber auch die Verstärkung

positiven Verhaltens, zum Beispiel auch mit Hilfe eines Belohnungssystems. Ziel ist, dass die Eltern sich kohärent, also gleich bleibend, in verschiedenen Lebenssituationen verhalten und auch gemeinsam an einem Strang ziehen. Zudem lernen sie, dem Kind gegenüber klar ihre Erwartungen zum Ausdruck zu bringen und auch sofortige Rückmeldung hinsichtlich des Verhaltens zu geben.

Ergotherapie

Eine Ergotherapie ist angezeigt bei Schwächen in der Fein- oder Grobmotorik, bei Wahrnehmungsstörungen oder allgemein körperlichen, seelischen oder geistigen Entwicklungsrückständen. Diese Störungen sollen so weit geheilt werden, dass eine Selbstständigkeit im alltäglichen Leben hergestellt werden kann.

Familientherapie

Ziel dieser Therapie ist es, familiäre Verhaltensmuster zu verändern sowie die Beziehung innerhalb der Familie zu durchleuchten und zu verbessern.

Medikamentöse Therapie

Eine medikamentöse Behandlung kann bei AD(H)S wirksam sein. Dazu können verschiedene Gruppen von Substanzen eingesetzt werden. In erster Linie werden Stimulanzien verordnet, vor allem mit dem Wirkstoff Methylphenidat. Ebenfalls zur Gruppe der Stimulanzien gehören die Amphetamine, die häufig eingesetzt werden, wenn Methylphenidat keine Wirkung zeigt. Die Stimulanzien wirken im Bereich der Synapsen und verlängern dort die Wirkdauer der körpereigenen Neurotransmitter Dopamin, Noradrenalin und eventuell auch Serotonin. Die Verordnung dieser Medikamente unterliegt dem Betäubungsmittelgesetz. Schlägt die Therapie mit Stimulanzien nicht an oder gibt es starke Nebenwirkungen, können sogenannte Nicht-Stimulanzien verordnet werden, besonders noradrenerg wirksame Substanzen wie Atomexin. Daneben kommen zum Teil auch moderne Antidepressiva mit Wirkungen auf das serotogene und noradregene Neurotransmittersystem zum Einsatz oder ältere trizyklische Antidepressiva.

Multimodale Behandlung

Eine Kombination mehrerer Behandlungsformen aus verschiedenen Bereichen mit meist drei Bausteinen: Psychotherapie, pädagogische Maßnahmen und medikamentöse Behandlung. Dazu gehört aber auch die Aufklärung und Beratung des Patienten, der Eltern und der Erzieher bzw. Lehrer.

Auch ein Elterntraining und Interventionen in der Familie (eventuell eine Familientherapie) können ebenso wie ein Schultraining ein Baustein sein.

Neuro-Feedback

Beim Neuro-Feedback werden die Gehirnströme gemessen und über spezielle Geräte rückgemeldet. Durch dieses Feedback werden körperinnere Funktionen der Wahrnehmung zugänglich gemacht. So kann versucht werden, diese unter willentliche Kontrolle zu bringen, damit also die Selbstregulationsfähigkeit zu verbessern.

Psychomotorik

Grundlage der Psychomotorik ist die Einheit von Wahrnehmung, Bewegung, Erleben und Handeln. Behandelt werden grobmotorische Auffälligkeiten oder Verhaltensauffälligkeiten infolge von Wahrnehmungsstörungen. Auf ein verbessertes Wahrnehmungs-, Bewegungs- und Sozialverhalten sollen dann eine verbesserte Harmonisierung der Gesamtpersönlichkeit und eine gesteigerte Leistungsfähigkeit folgen.

Psychotherapie

Die Psychotherapie umfasst eine Vielzahl unterschiedlicher Therapieansätze. Grundsätzlich soll dabei dem Kind mit AD(H)S geholfen werden, sich selbst besser zu verstehen und das eigene Handeln besser beeinflussen zu können.

Sensomotorische Integrationstherapie

Hier sollen durch bestimmte Übungen die Koordination von Bewegungsabläufen, die visuell-auditive Wahrnehmung sowie die feinmotorischen Fähigkeiten verbessert werden.

Verhaltenstherapie

Die bei ADHS am häufigsten eingesetzte Form der Psychotherapie. Ziel ist es, unerwünschte Verhaltensweisen abzubauen und durch neu erlernte zu ersetzen. Das Kind lernt, sich selber besser wahrzunehmen, sich seines eigenen Verhaltens bewusst zu werden und es dadurch besser kontrollieren zu können. Da eine gewisse Reife erforderlich ist, wird das Verhaltenstraining meist erst ab etwa sechs, sieben Jahren eingesetzt.

Zum Weiterlesen

Barkley, Russell A.: Das große ADHS-Handbuch für Eltern, Hans Huber, 2002

Brandau H./Pretis M. /Kaschnitz W. : ADHS bei Klein- und Vorschulkindern, Ernst Reinhard, 2003

Fitzner, T./Stark, W.: Doch unzerstörbar ist mein Wesen ... Diagnose AD(H)S – Schicksal oder Chance?, Beltz, 2004

Hallowell, E. M./Ratey J. J.: Zwanghaft zerstreut. ADD – die Unfähigkeit, aufmerksam zu sein, Rowohlt, 1998

Hartmann, T.: ADD: Eine andere Art, die Welt zu sehen, Schmidt-Römhild, 1997

Neuhaus, C.: Das hyperaktive Baby und Kleinkind. Symptome deuten – Lösungen finden, Urania, 2003

Neuhaus, C.: Das hyperaktive Kind und seine Probleme, Urania, 2002

Simchen, H.: Die vielen Gesichter des ADS. Begleit- und Folgeerkrankungen richtig erkennen und behandeln, Kohlhammer, 2003

Stark-Städele, J.: Erfolgreich lernen bei ADS. Probleme erkennen – Stärken nutzen – Strategien entwickeln, Urania, 2005

Stark-Städele, J.: Familie und AD(H)S. Probleme erkennen, verstehen und lösen, Urania, 2007

Hilfreiche Adressen

Selbsthilfegruppen

Es gibt bundesweit eine große Anzahl von Selbsthilfegruppen bei AD(H)S. Sie können wertvolle Hilfe leisten und eine gute Anlaufstelle sein. Für viele Eltern und Menschen mit AD(H)S ist es wichtig, mit anderen Betroffenen ins Gespräch zu kommen, Tipps und Erfahrungen auszutauschen und festzustellen, dass man nicht allein ist mit diesem Problem. Adressen finden Sie in Lokalteilen der Zeitung, Informationen erhalten Sie auch auf dem Jugendamt, in Arztpraxen, psychologischen Beratungsstellen oder Erziehungs- und Familienberatungsstellen. Überregionale Verbände sind auch durchweg im Internet präsent, oft mit Adressen regionaler Ansprechpartner.

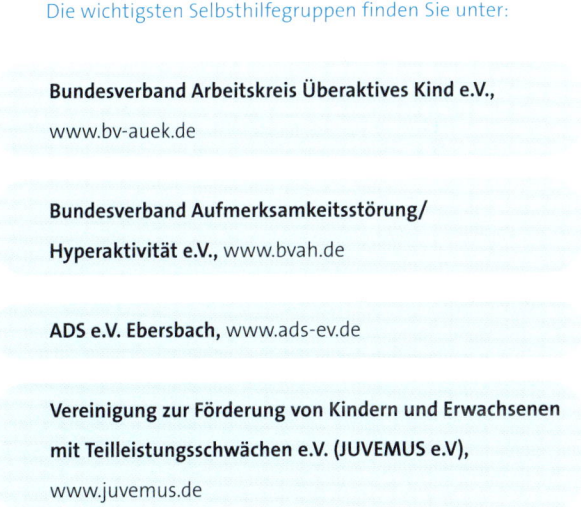

Die wichtigsten Selbsthilfegruppen finden Sie unter:

Bundesverband Arbeitskreis Überaktives Kind e.V.,
www.bv-auek.de

**Bundesverband Aufmerksamkeitsstörung/
Hyperaktivität e.V.,** www.bvah.de

ADS e.V. Ebersbach, www.ads-ev.de

**Vereinigung zur Förderung von Kindern und Erwachsenen
mit Teilleistungsschwächen e.V. (JUVEMUS e.V),**
www.juvemus.de

Verein zur Förderung wahrnehmungsgestörter Kinder e.V., www.wahrnehmungsstoerung.com

Bundesarbeitsgemeinschaft zur Förderung von Kindern und Jugendlichen mit Teilleistungsstörungen MCD/HKS e.V., www. bag-tl.de

Selbstständigkeitshilfe bei Teilleistungsstörungen e.V., www.seht.de

Regenbogen e.V., www.regenbogen-ev-heiligenstadt.de

Kindernetzwerk e.V., www.kindernetzwerk.de

Weitere Informationen über AD(H)S finden Sie unter:

Arbeitsgemeinschaft ADHS der Kinder- und Jugendärzte e.V.
Postfach 228, 91292 Forchheim, Tel.: 09191-970369
E-Mail: ag-adhs@t-online.de, www.agadhs.de

Deutsche Gesellschaft für Sozialpädiatrie und Jugendmedizin e.V.,

Heiglhofstr. 63, 81377 München, Tel.: 089-71009-232, www.dgspj.de

Berufsverband der Ärzte für Kinder- und Jugendpsychiatrie und Psychotherapie (BKJPP)

Stuttgarter Str. 51 (Im Spital), 71263 Weil der Stadt

Tel.: 07033-691 136, Fax: 07033-80556

www.kinder-psychotherapie.de

Deutsche Gesellschaft für Kinderheilkunde und Jugendmedizin e.V. (DGKJ)

Eichendorfstr. 13D, 10115 Berlin, Tel.: 030-3087779-0

www.dgkj.de

Bundeskonferenz für Erziehungsberatung e.V.

Online-Hilfe für Eltern unter

www.bke-elternberatung.de

Bundeszentrale für gesundheitliche Aufklärung

Postfach 910152, 51071 Köln, Tel.: 0221-8992-0

www.bzga.de

Das Eckpunktepapier der Konferenz zur Verbesserung der Versorgung Kinder, Jugendlicher und Erwachsener mit ADHS finden Sie unter

www.bmgs.bund.de/archiv/presse_bmgs/

Register

A

Ablenken 57
AD(H)S 10
Aggression 9, 22, 40, 65, 79, 91
Alltagsplanung 40, 43
Anders sein 52
Annehmen, liebevoll 86, 92, 93, 94, 98
Antidepressiva 30
Auffälligkeiten, emotionale 18
Aufforderungen, klare 42, 76, 84, 85, 87, 92, 110
Aufmerksamkeitsproblematik 9, 15, 18, 24, 37, 44, 65, 70, 79, 83, 86, 93, 104, 106, 109
Aufmerksamkeitstraining 34
Ausrasten 41, 65, 77, 81
Außenseiter 10, 27, 66 ff., 76, 81
Auszeit 51, 56, 62, 76, 95
Autoaggression 86
Automatisierung 45, 89, 99

B

Basteln 72, 77, 100
Begleiterkrankungen 22
Behandlungskosten 38
Belohnungssystem 96, 110
Berührungsempfindlichkeit 53, 74
Bettnässen 87 f.
Bewegung 72, 77
Bio-Feedback-Therapie 36
Bockigkeit 95

C

Chaos 40
Charme 23, 86
Concerta 30

D

Darmkontrolle 87 f.
Depressionen 16, 18, 22, 68
Diagnostik 14 ff.
Dominant sein 9, 65, 67, 70, 72
DSM-IV 15
Dyskalkulie 22, 87, 99

E

Echtes Interesse 76
Ehekrise 61 f.
Einschulung, Tipps zur 115 f.
Eifersucht 54
Elterntraining 34
Entwicklung, intellektuelle 18
Entwicklung, kognitive 18
Equasym 30
Erfahrungslernen 51, 59, 89
Ergotherapie 25, 32, 103
Erwachsenen-AD(H)S 24
Erziehungsberatungsstellen 16
Erziehungsgrundsätze 93
Eselsbrücken 77

F

Familienleben, konstruktives 114
Familien-Planer 43
Familienprobleme 39
Familientherapie 63 f.
Fantasie 23
Feingold-Diät 31 f.
Feinmotorik 77, 100, 107
Fernsehen 105
Freunde 65, 66, 68, 82
Frustrationstoleranz, geringe 12
Führen 93, 109

G

Gedächtnisbildung 12, 18, 27, 44, 77, 89, 108
Gehirnfunktionsstörung 13, 19

Gelassenheit 42, 92, 94,110
Gerechtigkeitssinn 23
Geschwisterbeziehung 39, 45 ff.,
    54 ff., 65
Grenzen 51, 56, 76, 90, 93
Großeltern 46
Gruppenintegration 9, 39, 65,
    67, 70, 71, 73, 74, 77

H

Hausarbeit 105
Hausaufgaben 109
Hilfsbereitschaft, mangelnde
    65, 66
Hirnentwicklung 99
Hochbegabung 112
Homöopathie 29
Hörverarbeitungsstörung 102
Humor 92, 94
Hyperaktivität 10 ff., 12, 15,
    17, 24, 28, 31, 39, 58, 59,
    104
Hyperakusis 73
Hyperkinetische Störung 11

I

Impulsivität 12, 15, 17, 21, 23,
    24, 27, 59, 78, 79, 98, 104,
    108
Informationsverarbeitungs-
    störungen 12, 13
Intelligenz 99
Intuition 23
ISC-10 15
Isolation 49, 72

J

Jammern 65
Judo 107
Jungen 17

K

Kernsymptome 12
Kinder-Coach 90, 109
Kindergarten 70, 72, 73, 75
Kleinkinderprobleme 39

Kommunikation 35
Komorbitäten 22
Konsequenz 40, 42, 62, 75, 91, 92,
    93, 96
Kontrolle 42, 87, 110
Konzentrationsschwäche 108
Kopfschmerzen 28, 73
Körpergewicht 28
Kreativität 23
Kurzzeitgedächtnis 108

L

Längenwachstum 28
Langeweile 76
Langzeitgedächtnis 108
Lärmempfindlichkeit 73
Legasthenie 22, 99
Lehrer 15 f., 111
Leistungsprobleme 108, 109
Lernen 26, 27, 89, 108, 110
Lernschwäche 31
Loben 34, 68, 76, 80, 96

M

Mädchen 17
Malen 72, 77, 100
MCD 11
Medikamentöse Behandlung 25,
    26 ff., 30, 37, 57, 105
Medikinet 30
Methylphenidat 27, 30
Methylphenidat-Hexal 30
Mittagsschlaf 88
Mobbing 81
Montessori-Schule 113
Motivation 109
Motorik 33, 59, 81, 100, 107

N

Nachfragen 85, 93
Nebenwirkungen der
    Medikamente 28
Neuro-Feedback-Therapie
    siehe Bio-Feedback-
    Therapie
Neurotransmitter 13, 107

O

Oppositionelles Verhalten 39

P

Partei ergreifen 55 f.
Partnerschaftlichkeit 90
Perspektivenwechsel 51
Perzeptionsstörung 33
POS siehe psycho-organisches Syndrom
Psychomotorische Wahrnehmungstherapie 33
Psycho-organisches Syndrom (POS) 11
Psychosoziale Beeinträchtigungen 21, 22, 27
Psychotherapie 35

R

Rechenschwäche siehe Dyskalkulie
Regelgerechtes Verhalten 66
Regeln 51, 66, 90, 93
Reizfilterschwäche 13
Reizüberflutung 70, 71, 74, 97, 108
Reizweiterleitung 13
Retard-Präparate 30
Richtig ansprechen 88
Ritalin 27, 30
Rituale 93
Rollenspiele 80
Rückhalt geben 87
Rücksicht 69
Rückzug 66, 68, 77

S

Schlafstörung 28
Schuld 50, 83
Schulformen 111
Schulprobleme 109

Selbsthilfegruppen 16, 17, 50, 63, 112
Selbstkritik, mangelnde 89
Selbstmanagement 36, 42, 77, 87
Selbststeuerung, mangelnde 108
Selbstvertrauen 68, 76, 80, 92
Selbstwertgefühl 68, 76, 80, 81, 82, 91
Sensibilität 23, 55, 69, 74, 85, 97, 98
Sensorische Integrationsstörung 33
Sich angegriffen fühlen 78
Soziale Probleme 54, 65, 67
Sozialer Kontakt 49, 70, 73
Spielkameraden 65, 66 f., 69
Spielregeln nicht einhalten 65, 106
Spieltherapie 35, 105
Spielverhalten, konstruktives 36, 103, 105
Sportarten 60, 106 f.
Sprachentwicklung 99 f.
Stammganglien 13
Statistische Klassifikation, Internationale 15
Stimmungsschwankungen 12, 97, 98
Stimulanzien 27
Stirnhirnbereich 13
Stoffwechselstörung 13
Stören beim Spiel 39, 65, 72
Strafen 95
Streitmuster 55
Streitregeln 55, 56
Strukturen 40, 75, 83, 87, 90, 92, 93
Struwwelpeter 19, 21
Suchtpotenzial 28, 106

T

Tagespläne 40, 76, 93
Teilleistungsstörungen 99, 109
Therapien 25 ff., 116 f.
Tic-Störungen 16, 22, 81
Tierliebe 23
Time-out siehe Auszeit
Träumerchen 18, 85
Typisches Verhalten 12

U

Unerwartet reagieren 56
Unfallgefährdung 59
Ungeduld 102
Unkonzentriertheit 9, 67
Unruhe 7, 9, 11 f., 14, 21, 24, 37,
    39, 67, 74, 79, 85, 105,
    112
Unsoziales Verhalten 9, 16
Unterstützen 92
Ursache für AD(H)S 13

V

Verdauungsstörung 28
Vererbung 20
Verhaltensauffälligkeiten 16, 21
Verhaltenstherapie 25, 36, 64

Versinken 86
Verständnis 48
Verteidigungshaltung 79
Vertiefen 23, 26, 57, 89

 W

Wahrnehmungsstörungen 12,
    33, 100, 102
Waldorfschule 113
Wiederholen 76, 77, 85, 87, 89,
    110
Wochenpläne 40, 76, 93, 96

 Y

Yoga 36 f.

Z

Zuhören 83
Zusammenleben 43, 51, 65
Zwangserkrankungen 16

Gerda Pighin
**100 Elternfragen
Die Entwicklung
Ihres Kindes**
128 Seiten, Paperback
ISBN 978-3-332-01922-3

Dr. med. Heike Kovács
**100 Elternfragen
Baby- und Kinderernährung**
128 Seiten, Paperback
ISBN 978-3-332-01968-1

Jeanette Stark-Städele
**100 Elternfragen
Die Erziehung
Ihres Kindes**
128 Seiten, Paperback
ISBN 978-3-332-01925-4